TODOS *os* PAPAS *da* HISTÓRIA

Copyright © 2025 por Maquinaria Sankto Editora e Distribuidora LTDA.

Todos os direitos desta publicação reservados à Maquinaria Sankto Editora e Distribuidora LTDA. Este livro segue o Novo Acordo Ortográfico de 1990.

É vedada a reprodução total ou parcial desta obra sem a prévia autorização, salvo como referência de pesquisa ou citação acompanhada da respectiva indicação. A violação dos direitos autorais é crime estabelecido na Lei nº 9.610/1998 e punido pelo artigo 194 do Código Penal.

Diretora-executiva
Renata Sturm

Diretor Financeiro
Guther Faggion

Administração
Alberto Balbino

Editor
Pedro Aranha

Revisão
Vera Amatti, Giovanna Liberal

Marketing e Comunicação
Matheus da Costa, Bianca Oliveira

Direção de Arte
Rafael Bersi

DADOS INTERNACIONAIS DE CATALOGAÇÃO NA PUBLICAÇÃO (CIP)
ANGÉLICA ILACQUA – CRB-8/7057

Todos os papas da história : igreja, história e política de São Pedro aos dias de hoje / organizado pela equipe Maquinaria. -- São Paulo : Maquinaria Sankto Editora e Distribuidora Ltda, 2025.

240 p. : il.

ISBN 978-85-94484-91-8

1. Papado – História 2. Igreja católica - História

25-2485   CDD 262.13

Índice Para Catálogo Sistemático:
1. Papado – História

Rua Pedro de Toledo, 129 - Sala 104
Vila Clementino – São Paulo – SP, CEP: 04039-030
http://www.mqnr.com.br/dg

TODOS
os PAPAS *da*
HISTÓRIA

IGREJA, HISTÓRIA E POLÍTICA
DE SÃO PEDRO AOS DIAS DE HOJE

*dei
gloriam*

SUMÁRIO

OS PAPAS E A CIVILIZAÇÃO OCIDENTAL 17

O VATICANO: HISTÓRIA, POLÍTICA E
ESPIRITUALIDADE EM 44 HECTARES 21

O CONCLAVE 25

CURIOSIDADES HISTÓRICAS SOBRE O
PONTIFICADO 29

OS ANTIPAPAS 35

PAPADO ANTIGO (SÉCULOS I – V) 39

1º • SÃO PEDRO | SIMÃO | C. 32–64 41

2º • SÃO LINO | C. 67–76 42

3º • SANTO ANACLETO (OU CLETO) | C. 76–88 42

4º • SÃO CLEMENTE | C. 88–97 43

5º • SÃO EVARISTO | C. 97–105 43

6º • SÃO ALEXANDRE I | C. 105–115 43

7º • SÃO SISTO I | C. 115–125 44

8º • SÃO TELÉSFORO | C. 125–136 44

9º • SÃO HIGINO | C. 136–140 44

10º • SÃO PIO I | C. 140–155 44

11º • Santo Aniceto | c. 155–166 .... **45**

12º • São Sotero | c. 166–174 .... **45**

13º • São Eleutério | c. 174–189 .... **45**

14º • São Vítor I | c. 189–199...................................... **45**

15º • São Zeferino | c. 199–217 .... **46**

16º • São Calisto I | 218–222....................................... **46**

17º • São Urbano I | 222–230 .... **46**

18º • São Ponciano | 230–235....................................... **46**

Antipapa Santo Hipólito | c. 217–235............................. **47**

19º • Santo Antero | 235–236 .... **47**

20º • São Fabiano | 236–250 .... **47**

21º • São Cornélio | 251–253 .... **48**

22º • São Lúcio I | 253–254... **48**

23º • Santo Estêvão I | 254–257 .... **48**

24º • São Sisto II | 257–258 .... **48**

25º • São Dionísio | 259–268 .... **49**

26º • São Félix I | 269–274... **49**

27º • São Eutiquiano | 275–283 .... **50**

28º • São Caio (Caius) | 283–296 .... **50**

29º • São Marcelino | 296–304 .... **51**

Período sem Pontificado | 304-308................................. **51**

30º • São Marcelo I | c. 308–309.................................... **52**

31º • Santo Eusébio | 309 53

32º • São Milcíades | 311–314 53

33º • São Silvestre I | 314–335.......... 54

34º • São Marcos | 336.......... 55

35º • São Júlio I | 337–352 55

36º • Libério | 352–366 55

37º • São Dâmaso I | 366–384 55

38º • São Sirício | 384–399.......... 56

39º • Santo Anastácio I | 399–401.......... 56

40º • Santo Inocêncio I | 401–417 56

41º • São Zózimo | 417–418.......... 57

42º • São Bonifácio I | 418–422 57

43º • São Celestino I | 422–432.......... 57

44º • São Sisto III | 432–440 58

45º • São Leão I (Leão Magno) | 440–461.......... 60

46º • Santo Hilário | 461–468.......... 61

47º • São Simplício | 468–483 61

IDADE MÉDIA (SÉCULOS VI – XV) 63

48º • São Félix III | 483–492.......... 64

49º • São Gelásio I | 492–496 64

50º • Anastácio II | 496–498.......... 65

51º • São Símaco | 498–514.......... 67

52º • Santo Hormisda | 514–523 67

53º • São João I | 523–526 67

54º • São Félix IV | 526–530 67

55º • Bonifácio II | 530–532 68

56º • João II | Mercúrio | 533–535 68

57º • Santo Agapito I | 535–536 69

58º • São Silvério | 536–537 69

59º • Vigílio | 537–555 70

60º • Pelágio I | 556–561 71

61º • João III | Catalino | 561–574 71

62º • Bento I | 575–579 72

63º • Pelágio II | 579–590 72

64º • São Gregório I (o Magno) | 590–604 73

65º • Sabiniano | 604–606 74

66º • Bonifácio III | 607 75

67º • São Bonifácio IV | 608–615 75

68º • São Deusdedit (Adeodato I) | 615–618 77

69º • Bonifácio V | 619–625 78

70º • Honório I | 625–638 78

71º • Severino | 640 78

72º • João IV | 640–642 79

73º • Teodoro I | 642–649 79

74º • São Martinho I | 649–655 80

75º • Santo Eugênio I | 654–657 81

76º • São Vitaliano | 657–672 81

77º • Adeodato II | 672–676 81

78º • Dono | 676–678 82

79º • Santo Agatão | 678–681 82

80º • São Leão II | 682–683 82

81º • São Bento II | 684–685 82

82º • João V | 685–686 83

83º • Cónon | 686–687 83

84º • São Sérgio I | 687–701 84

85º • João VI | 701–705 84

86º • João VII | 705–707 85

87º • Sisínio | 708 85

88º • Constantino | 708–715 85

89º • São Gregório II | 715–731 85

90º • São Gregório III | 731–741 86

91º • São Zacarias | 741–752 86

92º • Estêvão II | 752–757 87

93º • Paulo I | 757–767 88

94º • Estêvão III | 768–772 89

95º • Adriano I | 772–795 89

96º • São Leão III | 795–816 .... **90**

97º • Estêvão IV | 816–817 .... **91**

98º • São Pascoal I | 817–824 .... **92**

99º • Eugênio II | 824–827 .... **92**

100º • Valentino | 827 .... **92**

101º • Gregório IV | 827–844 .... **92**

102º • Sérgio II | 844–847 .... **93**

103º • São Leão IV | 847–855 .... **94**

104º • Bento III | 855–858 .... **95**

105º • São Nicolau I (São Nicolau Magno) | 858–867 .... **96**

106º • Adriano II | 867–872 .... **97**

107º • João VIII | 872–882 .... **97**

108º • Marinho I | 882–884 .... **98**

109º • Santo Adriano III | 884–885 .... **98**

110º • Estêvão V | 885–891 .... **99**

111º • Formoso | 891–896 .... **99**

112º • Bonifácio VI | 896 .... **99**

113º • Estêvão VI | 896–897 .... **100**

114º • Romano | 897 .... **101**

115º • Teodoro II | 897-898 .... **101**

116º • João IX | 898–900 .... **102**

117º • Bento IV | 900–903 .... **102**

118º • Leão V | 903 .... **102**

Antipapa Cristóvão | 903-904 .... **102**

119º • Sérgio III | 904–911 .... **103**

120º • Anastácio III | 911–913 .... **104**

121º • Lando | 913–914 .... **104**

122º • João X | 914–928.. **104**

123º • Leão VI | 928-929 .... **104**

124º • Estevão VII | 929–931.. **105**

125º • João XI | 931–935.. **106**

126º • Leão VII | 936–939 .... **106**

127º • Estêvão VIII | 939–942....................................... **107**

128º • Marinho II | 942–946 .... **107**

129º • Agapito II | 946–955 .... **107**

130º • João XII | Otaviano | 955–964 .... **108**

131º • Leão VIII | 963–965... **109**

132º • Bento V | 964... **109**

133º • João XIII | 965–972... **110**

134º • Bento VI | 973–974.. **110**

135º • Bento VII | 974–983... **110**

136º • João XIV | Pietro Canepanova | 983–984 .... **111**

137º • João XV | 985–996... **112**

140º • João XVII | 1003 .... **113**

142º • Sérgio IV | Pietro Buccaporci | 1009–1012. . . . . **114**

143º • Bento VIII | Teofilato | 1012–1024 . . . . **114**

144º • João XIX | Romano | 1024–1032 . . . . **114**

145º • Bento IX | Teofilato | 1032–1044. . . . . **114**

146º • Silvestre III | João de Sabina | 1045. . . . . **115**

147º • Bento IX | Teofilato | 1045 . . . . **115**

148º • Gregório VI | Giovanni Graziano | 1045–1046. . . . . **115**

149º • Clemente II | Suidger de Bamberg | 1046–1047 . . . . **116**

150º • Bento IX | Teofilato | 1047-1048 . . . . **116**

151º • Dâmaso II | Poppo de Brixen | 1048. . . . . **116**

152º • São Leão IX | Bruno de Eguisheim-Dagsburg | 1049–1054. . . . . **117**

153º • Vítor II | Gebhard de Calw | 1055–1057 . . . . **118**

154º • Estêvão IX | Frederico de Lorena | 1057–1058 . . . . **119**

155º • Nicolau II | Gerardo de Borgonha | 1058–1061. . . . . **119**

156º • Alexandre II | Anselmo de Baggio | 1061–1073 . . . . **120**

159º • Beato Urbano II | Odon de Lagery | 1088–1099 . . . . **123**

160º • Pascoal II | Rainerius | 1099–1118 . . . . **124**

161º • Gelásio II | Giovanni Caetani | 1118–1119 . . . . **125**

162º • Calisto II | Gui de Bourgogne | 1119–1124 . . . . **126**

163º • Honório II | Lamberto Scannabecchi | 1124–1130. . . . . **127**

164º • Inocêncio II | Gregorio Papareschi | 1130–1143 . . . . **127**

167º • Beato Eugênio III | Bernardo Pignatelli | 1145–1153 . . . . **129**

174º • Clemente III | Paolo Scolari | 1187–1191 . . . . **134**

175º • Celestino III | Giacinto Bobone | 1191–1198 . . . . **134**

176º • Inocêncio III | Lotário de Segni | 1198–1216 . . . . **135**

177º • Honório III | Cencio Savelli | 1216–1227 . . . . **136**

178º • Gregório IX | Ugolino dei Conti di Segni | 1227–1241 . . . . **137**

179º • Celestino IV | Goffredo Castiglione | 1241 . . . . **139**

180º • Inocêncio IV | Sinibaldo Fieschi | 1243–1254 . . . . **139**

181º • Alexandre IV | Rinaldo Conti | 1254–1261 . . . . **139**

182º • Urbano IV | Jacques Pantaléon | 1261–1264 . . . . **140**

183º • Clemente IV | Guy Foulques | 1265–1268 . . . . **141**

184º • Beato Gregório X | Teobaldo Visconti | 1271–1276 . . . . **141**

185º • Santo Inocêncio V | Pedro de Tarantásia | 1276 . . . . **142**

186º • Adriano V | Ottobuono Fieschi | 1276 . . . . **143**

187º • João XXI | Pedro Julião | 1276–1277 . . . . **143**

188º • Nicolau III | Giovanni Gaetano Orsini | 1277–1280 . . . . **143**

189º • Martinho IV | Simone de Brion | 1281–1285 . . . . **144**

190º • Honório IV | Giacomo Savelli | 1285–1287 . . . . **144**

192º • São Celestino V | Pietro del Morrone | 1294 . . . . **145**

193º • Bonifácio VIII | Benedetto Caetani | 1294–1303 . . . . **146**

194º • Beato Bento XI | Niccolò Boccasini | 1303–1304 . . . . **147**

195º • Clemente V | Bertrand de Got | 1305–1314 . . . . **148**

196º • João XXII | Jacques d'Euse | 1316–1334 . . . . **150**

197º • BENTO XII | JACQUES FOURNIER | 1334–1342.....................**152**

198º • CLEMENTE VI | PIERRE ROGER | 1342–1352 ....**153**

199º • INOCÊNCIO VI | ÉTIENNE AUBERT | 1352–1362...................**154**

200º • BEATO URBANO V | GUILLAUME DE GRIMOARD | 1362–1370.....**154**

201º • GREGÓRIO XI | PIERRE ROGER DE BEAUFORT | 1370–1378........**155**

202º • URBANO VI | BARTOLOMEO PRIGNANO | 1378–1389.............**157**

203º • BONIFÁCIO IX | PIETRO TOMACELLI | 1389–1404................**158**

205º • GREGÓRIO XII | ANGELO CORRER | 1406–1415..................**159**

206º • MARTINHO V | ODDONE COLONNA | 1417–1431 ....**160**

207º • EUGÊNIO IV | GABRIELE CONDULMER | 1431–1447...............**161**

208º • NICOLAU V | TOMMASO PARENTUCELLI | 1447–1455.............**162**

209º • CALISTO III | ALFONSO DE BORJA | 1455–1458 ....**163**

210º • PIO II | ENEA SILVIO PICCOLOMINI | 1458–1464 ....**165**

RENASCENÇA E REFORMA (SÉCULOS XV – XVII) ..**169**

211º • PAULO II | PIETRO BARBO | 1464–1471 ....**170**

212º • SISTO IV | FRANCESCO DELLA ROVERE | 1471–1484 ....**171**

213º • INOCÊNCIO VIII | GIOVANNI BATTISTA CIBO | 1484–1492 ....**173**

214º • ALEXANDRE VI | RODRIGO BÓRGIA | 1492–1503..................**175**

215º • PIO III | FRANCESCO TODESCHINI-PICCOLOMINI | 1503...........**176**

216º • JÚLIO II | GIULIANO DELLA ROVERE | 1503–1513.................**177**

217º • LEÃO X | GIOVANNI DE MEDICI | 1513–1521.....................**179**

218º • ADRIANO VI | ADRIAAN FLORENSZOON BOEYENS | 1522–1523 .... **181**

219º • CLEMENTE VII | GIULIO DE MEDICI | 1523–1534 .... **183**

220º • PAULO III | ALESSANDRO FARNESE | 1534–1549 .... **185**

223º • PAULO IV | GIAN PIETRO CARAFA | 1555–1559................... **188**

225º • SÃO PIO V | ANTONIO GHISLIERI | 1566–1572.................... **190**

226º • GREGÓRIO XIII | UGO BONCOMPAGNI | 1572–1585 .... **192**

227º • SISTO V | FELICE PERETTI | 1585–1590.......................... **194**

228º • URBANO VII | GIOVANNI BATTISTA CASTAGNA | 1590 .... **195**

229º • GREGÓRIO XIV | NICCOLÒ SFONDRATI | 1590–1591............... **195**

230º • INOCÊNCIO IX | GIOVANNI ANTONIO FACCHINETTI | 1591 .... **196**

231º • CLEMENTE VIII | IPPOLITO ALDOBRANDINI | 1592–1605......... **196**

236º • INOCÊNCIO X | GIOVANNI BATTISTA PAMPHILI | 1644–1655 ...... **199**

237º • ALEXANDRE VII | FABIO CHIGI | 1655–1667 .... **199**

238º • CLEMENTE IX | GIULIO ROSPIGLIOSI | 1667–1669 .... **200**

239º • CLEMENTE X | EMILIO ALTIERI | 1670–1676 .... **200**

241º • ALEXANDRE VIII | PIETRO OTTOBONI | 1689–1691 .... **201**

242º • INOCÊNCIO XII | ANTONIO PIGNATELLI | 1691–1700............. **202**

ERA MODERNA (SÉCULOS XVIII – XIX) **205**

243º • CLEMENTE XI | GIOVANNI FRANCESCO ALBANI | 1700–1721 ..... **205**

245º • BENTO XIII | PIETRO FRANCESCO ORSINI | 1724–1730........... **206**

249º • CLEMENTE XIV | GIOVANNI VINCENZO GANGANELLI | 1769–1774 . **208**

250º • Pio VI | Giovanni Angelo Braschi | 1775–1799..............210

251º • Pio VII | Barnaba Chiaramonti | 1800–1823.................212

252º • Leão XII | Annibale della Genga | 1823–1829 213

253º • Pio VIII | Francesco Saverio Castiglioni | 1829–1830 214

255º • Beato Pio IX | Giovanni Maria Mastai-Ferretti | 1846–1878 . 216

256º • Leão XIII | Vincenzo Gioacchino Pecci | 1878–1903..........218

ERA CONTEMPORÂNEA (SÉCULO XX – XXI)......221

257º • São Pio X | Giuseppe Sarto | 1903–1914 221

258º • Bento XV | Giacomo della Chiesa | 1914–1922 222

259º • Pio XI | Achille Ratti | 1922–1939...........................223

260º • Pio XII | Eugenio Pacelli | 1939–1958........................224

261º • São João XXIII | Angelo Giuseppe Roncalli | 1958–1963 226

262º • São Paulo VI | Giovanni Battista Montini | 1963–1978.......228

263º • Servo de Deus João Paulo I | Albino Luciani | 1978 230

264º • São João Paulo II | Karol Józef Wojtyła | 1978–2005........231

265º • Bento XVI | Joseph Ratzinger | 2005–2013 233

266º • Francisco | Jorge Mario Bergoglio | 2013–2025 235

267º • Leão XIV | Robert Francis Prevost | 2025 237

Sisto IV nomeia Bartolomeu Platina prefeito da Biblioteca Vaticana, por Melozzo da Forlì (c. 1477)

INTRODUÇÃO

OS PAPAS E A CIVILIZAÇÃO OCIDENTAL

COMO OS SUCESSORES DE PEDRO AJUDARAM A MOLDAR O OCIDENTE AO LONGO DE DOIS MILÊNIOS

A história do Ocidente se confunde com a história do papado. Desde o século I, com São Pedro, considerado o primeiro bispo de Roma e o primeiro papa, os papas assumiram a missão de guiar espiritualmente os cristãos. Com o tempo, tornaram-se também peças-chave na organização social, política e cultural da Europa. Em tempos de colapso dos impérios, guerras e reconfigurações sociais, foram eles que ajudaram a manter coeso o tecido da civilização.

Com a queda do Império Romano do Ocidente, em 476, os papas se tornaram autoridades centrais no continente Europeu. Enquanto outras instituições ruíam, o bispo de Roma se tornava não apenas uma referência religiosa, mas também um símbolo de continuidade e estabilidade. A Igreja, sob sua liderança, herdou parte das estruturas administrativas e jurídicas do Império Romano, adaptando-as à nova realidade.

GUARDIÕES DO SABER E DA EDUCAÇÃO

Durante a Idade Média, a Igreja foi a principal guardiã do conhecimento. Mosteiros e catedrais, incentivados pelos papas, tornaram-se centros de cópia e preservação de manuscritos clássicos e religiosos. A educação formal floresceu dentro das estruturas eclesiásticas, e muitas das universidades europeias — como Paris, Bolonha e Oxford — tiveram raízes em instituições eclesiásticas autorizadas ou apoiadas diretamente pelo papado.

Os papas incentivaram a formação do clero e, com isso, criaram uma elite intelectual que transmitia não apenas a doutrina cristã, mas também os saberes da Antiguidade. A Escolástica, filosofia medieval que buscava harmonizar fé e razão, teve entre seus grandes nomes teólogos que dialogavam com Aristóteles e Platão — herança preservada graças ao esforço cultural da Igreja.

ARQUITETOS DA DIPLOMACIA E DA PAZ

A influência papal se estendeu para além dos muros do Vaticano. Muitos pontífices mediaram conflitos entre reinos, selaram acordos de paz e definiram fronteiras. Papas como Leão III e Gregório VII tiveram participação direta na política europeia, intervindo em disputas imperiais e fortalecendo a ideia de um cristianismo unido sob uma liderança comum.

Mesmo em tempos de tensão, como durante as Cruzadas ou o Cisma do Ocidente, a figura do papa permaneceu como ponto de referência para reis e povos. A doutrina da supremacia papal não era apenas teológica: ela estruturava uma ordem política em que o trono de Pedro oferecia legitimidade e unidade num continente frequentemente dividido.

MECENAS DAS ARTES E DA BELEZA

Durante o Renascimento, os papas se tornaram os maiores mecenas da arte ocidental. Obras-primas de artistas como Michelangelo, Rafael e Bramante foram encomendadas diretamente por pontífices, como Júlio II e Leão X. Roma se transformou em um canteiro de obras sagradas e artísticas, e a Cidade Eterna floresceu como capital cultural do mundo cristão.

Capelas, basílicas, esculturas e pinturas foram erguidas e preservadas com a convicção de que a beleza também é caminho de evangelização. O próprio

Vaticano tornou-se uma galeria de arte viva, refletindo não apenas o poder papal, mas também o esplendor espiritual que a Igreja desejava comunicar aos fiéis.

VOZES MORAIS EM TEMPOS DE CRISE

Nos séculos XIX e XX, os papas precisaram lidar com a secularização, as revoluções sociais, as guerras mundiais e o avanço do pensamento científico. Ainda assim, suas vozes se mantiveram relevantes. Bento XV apelou pelo fim da Primeira Guerra Mundial. Pio XII enfrentou o nazismo e procurou preservar vidas. João XXIII convocou o Concílio Vaticano II, que abriu as portas da Igreja para o diálogo com o mundo moderno.

João Paulo II tornou-se um líder espiritual global, com forte atuação nos bastidores do fim do comunismo na Europa Oriental. Com um pontificado longo e carismático, consolidou a imagem do papa como figura de alcance planetário. A Igreja, sob sua liderança, dialogou com a juventude, com os intelectuais, com os pobres e com os poderes políticos.

O PAPA COMO PONTE ENTRE FÉ E CULTURA

O papado sempre foi mais do que um ofício religioso. Os sucessores de Pedro agiram como pontes entre épocas, povos e ideias. Defenderam a fé, mas também abraçaram a ciência, a filosofia e a arte. Quando necessário, reformaram a própria instituição, como nos tempos do Concílio de Trento e do Vaticano II. Em todas essas etapas, deixaram sua marca na maneira como o Ocidente pensa, organiza e valoriza a vida.

Mesmo hoje, em um mundo plural e em rápida transformação, o papa continua sendo ouvido como uma voz que transcende fronteiras políticas e religiosas. Francisco, por exemplo, chamou atenção para temas como a ecologia, a pobreza, o cuidado com os migrantes e a fraternidade universal — reforçando o papel civilizacional da Igreja em meio aos desafios do século XXI.

Pátio em frente ao Vaticano com suas duas longas colunatas curvas encimadas por esculturas.

CAPÍTULO 1

O VATICANO: HISTÓRIA, POLÍTICA E ESPIRITUALIDADE EM 44 HECTARES

O Vaticano é uma das entidades mais singulares do mundo contemporâneo. Com apenas 44 hectares de extensão — menor que muitos bairros —, é um Estado soberano desde 1929, quando o Tratado de Latrão foi assinado entre a Santa Sé e o governo italiano. Embora territorialmente minúsculo, o Vaticano exerce um peso simbólico, político e espiritual desproporcional ao seu tamanho. Sua estrutura é peculiar: o papa acumula os papéis de líder espiritual da Igreja Católica e chefe de Estado, concentrando funções executivas, legislativas e judiciais. A cidadania vaticana é funcional e temporária, vinculada ao exercício de cargos na Cúria Romana, na Guarda Suíça ou no corpo diplomático.

Muitas vezes o Estado do Vaticano e a Santa Sé são compreendidos de maneira equivocada. A Santa Sé é a entidade jurídica e espiritual que governa a Igreja no mundo — e existe independentemente do território. Já o Vaticano é o espaço físico que serve de sede à Santa Sé. O papa, portanto, hoje lidera uma instituição com mais de 1 bilhão de fiéis, além de representar um ente diplomático que mantém relações com mais de 180 países, sendo membro observador da ONU e ativo em negociações globais sobre paz, direitos humanos, migração e clima.

DE PEDRO A LEÃO XIV: CONTINUIDADE E TRANSFORMAÇÃO

A história do Vaticano começa antes mesmo de sua formalização como Estado. Fontes arqueológicas apontam que São Pedro, apóstolo de Jesus, foi martirizado e enterrado no local onde hoje se ergue a Basílica de São Pedro. Ao longo dos séculos, os sucessores de Pedro acumularam não só autoridade espiritual, mas também poder político — especialmente entre os séculos VIII e XIX, quando governaram os chamados Estados Pontifícios, uma faixa de territórios na península Itálica.

A perda desses territórios com a unificação italiana e a subsequente "questão romana" culminaram na criação do Vaticano moderno. A partir de então, os papas se concentraram em fortalecer seu papel como líderes espirituais globais, mantendo-se neutros em conflitos armados, mas ativos na diplomacia internacional. Papas como João XXIII, João Paulo II e Francisco marcaram época por suas intervenções em contextos geopolíticos complexos — do enfrentamento ao nazismo e ao comunismo à promoção de uma ecologia integral.

UM TESOURO DE CULTURA, ARTE E ESPIRITUALIDADE

O Vaticano é também um dos centros culturais mais ricos do mundo. Suas coleções artísticas, preservadas nos Museus Vaticanos e na Capela Sistina, reúnem obras de mestres como Michelangelo, Rafael e Caravaggio. Não por acaso, Roma foi transformada, durante o Renascimento, na capital cultural da cristandade, sob o patrocínio direto de papas como Júlio II e Leão X. A beleza, para os papas renascentistas, era expressão da glória divina e ferramenta de evangelização, assim como para os papas da Idade Média.

Além da arte, o Vaticano guarda preciosidades intelectuais. A Biblioteca Apostólica Vaticana e o Arquivo Secreto do Vaticano preservam documentos de valor inestimável para a história da humanidade. O Estado também possui elementos de soberania únicos: moeda própria (o euro vaticano), selo postal, uma estação de trem simbólica e o Instituto para as Obras de Religião, conhecido como o banco do Vaticano. Embora pequeno, possui infraestrutura estatal completa — inclusive a tradicional Guarda Suíça, responsável pela segurança do papa desde 1506.

UMA VOZ INFLUENTE NO PALCO GLOBAL

A importância do Vaticano transcende sua dimensão territorial. Sua influência se dá por meio do poder moral e espiritual que representa. Em tempos de crise, guerras e incertezas, os papas muitas vezes atuaram como vozes conciliadoras e pontes entre mundos. Bento XV apelou pela paz durante a Primeira Guerra Mundial; Pio XII enfrentou os horrores da Segunda Guerra; João Paulo II teve papel decisivo na queda do comunismo na Europa Oriental; e Francisco se destacou por sua postura de abertura, diálogo e defesa dos mais vulneráveis.

Mais do que um relicário da tradição, o Vaticano continua sendo um ator ativo e relevante na construção de respostas éticas e humanas para os dilemas do século XXI. Em seus muros milenares, convivem o passado da cristandade e os desafios do mundo moderno. Símbolo de continuidade em meio às mudanças, o Vaticano permanece como uma das instituições mais antigas, resilientes e influentes da história da civilização ocidental.

O conclave de 1878, por Antonio Bonamore (1878)

CAPÍTULO 2

O CONCLAVE

COMO A IGREJA ESCOLHE SEUS PAPAS HÁ SÉCULOS DE FORMA SECRETA, SOLENE E SIMBÓLICA

A sucessão papal é um dos processos mais solenes e emblemáticos do cristianismo. Quando um papa morre ou renuncia, a Igreja entra em período de sede vacante, e os cardeais do mundo inteiro são convocados para eleger um novo pontífice. Esse rito, cercado de tradição e simbologia, é conhecido como conclave — uma palavra que remete diretamente à sua origem histórica e ao caráter sigiloso do processo.

O termo "conclave" vem do latim *cum clave*, que significa literalmente "com chave" ou "trancado com chave". O nome nasceu da prática, iniciada no século XIII, de isolar os cardeais em um recinto fechado até que estes escolhessem um novo papa. A ideia era evitar pressões externas, especialmente de monarcas e nobres, e forçar uma decisão rápida. Em 1274, o papa Gregório X instituiu oficialmente o conclave, após o processo eleitoral anterior ter durado quase três anos. O primeiro conclave seguindo esses moldes foi em 1276, com a eleição de Inocêncio V.

Contudo, formas primitivas de conclave já existiam antes. Desde os primeiros séculos da Igreja, a eleição do bispo de Roma era feita pelo clero e pelo povo romano, evoluindo gradualmente para um colégio fechado de eleitores. A partir do século XI, as reformas gregorianas consolidaram que apenas os cardeais — então principais assessores do papa — teriam direito de voto. O sistema foi sendo aperfeiçoado até chegar ao modelo que conhecemos hoje.

Durante o conclave moderno, os cardeais eleitores — atualmente limitados a 133 e que têm menos de 80 anos — se reúnem na Capela Sistina, no Vaticano. Lá, em total clausura, participam de até quatro votações por dia. Se nenhum candidato alcançar dois terços dos votos, uma nova rodada é realizada. A fumaça preta que sai da chaminé indica que o papa ainda não foi escolhido; a fumaça branca anuncia ao mundo que temos um novo líder da Igreja: *Habemus Papam*.

O processo mistura ritual, tradição e estratégia. Antes do conclave, os cardeais participam de encontros chamados "congregações gerais", onde debatem os desafios da Igreja. Já dentro do conclave, não é permitido uso de telefone, internet ou qualquer contato com o mundo externo — reforçando a natureza espiritual e reflexiva da decisão. O voto é secreto, e cada cardeal jura não revelar nada do que ocorre ali dentro, sob pena de excomunhão.

O papa eleito pode escolher qualquer nome, e não há regra que o obrigue a adotar um específico. Até hoje, nenhum papa assumiu o nome de Pedro II, por reverência ao apóstolo fundador da Igreja. Ao aceitar a eleição,

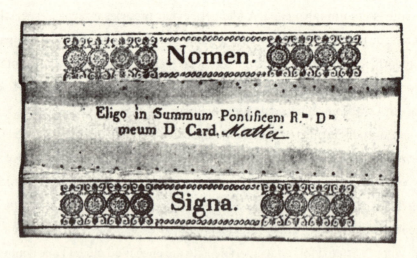

Cédula de conclave dobrada

o novo pontífice é imediatamente revestido de autoridade e aparece no balcão da Basílica de São Pedro para sua primeira bênção ao mundo.

Ao longo da história, os conclaves variaram em duração e tensão. Alguns foram rápidos — como o que elegeu João Paulo I em um dia. Outros foram longos e politicamente delicados. Em todas as ocasiões, porém, o conclave reafirma a identidade universal da Igreja: é ali que se manifesta, de forma concentrada, a unidade e a sucessão apostólica que remontam a São Pedro.

Mais do que uma eleição, o conclave é um momento místico, decisivo e histórico, em que tradição e transcendência se encontram sob os afrescos de Michelangelo, para dar à Igreja Católica um novo pastor. E, com ele, um novo capítulo da fé começa a ser escrito.

Papa Leão XIV na loggia após sua eleição, fotografia por Edgar Beltrán / O Pilar (2025)

Cristo entrega as chaves da igreja a São Pedro que se ajoelha diante dele, por Guido Reni

CAPÍTULO 3

CURIOSIDADES HISTÓRICAS SOBRE O PONTIFICADO

QUANTOS PAPAS EXISTIRAM?

Desde São Pedro até o papa Leão XIV, a Igreja Católica reconhece oficialmente 267 papas. Essa contagem considera apenas os pontífices legítimos, excluindo mais de 30 *antipapas* que, em momentos de cisma ou disputa política, reivindicaram indevidamente o trono de Pedro.

PONTIFICADOS LONGOS, CURTOS E INUSITADOS

O pontificado mais curto da história foi o de Urbano VII, em 1590, que durou apenas 13 dias. Já o mais longo foi o de Pio IX, que permaneceu no cargo por mais de 31 anos, entre 1846 e 1878. João Paulo II vem logo depois, com um pontificado de 26 anos e meio. Por outro lado, João Paulo I reinou por apenas 33 dias, deixando um legado de simpatia e humildade, mesmo em tão pouco tempo.

PAPAS EM MOMENTOS HISTÓRICOS DECISIVOS

Ao longo da história, os papas estiveram presentes — ou diretamente envolvidos — em episódios marcantes. Leão I, por exemplo, enfrentou o temido Átila, o Huno, em 452, e o convenceu a não invadir Roma. Leão III coroou Carlos Magno em 800, dando início ao Sacro Império Romano-Germânico. Pio VII foi preso por Napoleão e resistiu a tentativas de submeter a Igreja ao

Império Francês. Já João Paulo II teve papel essencial no colapso do comunismo na Europa Oriental e foi o primeiro papa a visitar uma sinagoga e uma mesquita.

A NACIONALIDADE DOS PAPAS

Durante mais de mil anos, a maioria dos papas foi italiana. Essa tradição foi quebrada em 1978 com a eleição de João Paulo II, nascido na Polônia — o primeiro papa não italiano desde o século XVI. Depois veio Bento XVI, alemão, Francisco, argentino, e por fim Leão XIV, norte-americano. Ao todo, houve papas de mais de 15 nacionalidades diferentes, incluindo sírios, gregos, franceses, espanhóis e até um único papa português, João XXI.

O CONCLAVE E A ESCOLHA DO PAPA

O processo de eleição do papa é conhecido como conclave, um termo que significa "com chave" em latim, já que os cardeais são literalmente trancados até escolherem o novo pontífice. A eleição acontece na Capela Sistina e requer dois terços dos votos. Quando um papa é escolhido, fumaça branca sobe ao céu de Roma. A famosa frase *Habemus Papam* anuncia ao mundo que um novo pontífice foi eleito.

CASOS RAROS DE RENÚNCIA

Embora o papado seja vitalício, renúncias são possíveis. Apenas três papas renunciaram de forma reconhecida: Celestino V, em 1294, por humildade e cansaço; Gregório XII, em 1415, para encerrar o Cisma do Ocidente; e Bento XVI, em 2013, por motivos de saúde e idade. Este último foi o primeiro a abdicar em mais de 600 anos.

TRADIÇÕES, NOMES E SÍMBOLOS

Ao ser eleito, o papa pode escolher qualquer nome. Nenhum deles, no entanto, optou por "Pedro II", por respeito ao apóstolo fundador da Igreja. O título completo do papa inclui "Bispo de Roma", "Servo dos Servos de Deus" e "Pontífice Máximo". Além disso, ele é chefe de Estado do Vaticano e viaja com passaporte diplomático da Santa Sé.

A ÚNICA MULHER NO PAPADO?

Uma das lendas mais persistentes da história da Igreja é a da papisa Joana, uma mulher que teria se disfarçado de homem e sido eleita papa no século IX. A história conta que ela foi descoberta ao dar à luz durante uma procissão. Embora muito popular na Idade Média, a Igreja considera o episódio uma fábula sem fundamento histórico. Ainda assim, por séculos, o conclave adotou práticas curiosas para "comprovar" o sexo do eleito.

O ANEL DO PESCADOR

Todo papa recebe um anel chamado "Anel do Pescador", com a imagem de São Pedro lançando sua rede. Ele é usado como símbolo de autoridade e, ao final do pontificado, é destruído com um martelo de prata, simbolizando o fim daquele governo. O ritual serve também para evitar falsificações de documentos papais após a morte ou renúncia.

VESTES E CORES PAPAIS

O branco tornou-se a cor oficial das vestes papais apenas com Pio V, um papa dominicano que manteve o hábito branco de sua ordem. Desde então, o branco passou a ser marca registrada dos pontífices. Já o vermelho, que ainda aparece em capas e sapatos, simboliza o sangue dos mártires e a disposição do papa a entregar sua vida pela fé.

QUANDO ROMA TEVE TRÊS PAPAS AO MESMO TEMPO

Durante o Cisma do Ocidente (1378–1417), a Igreja chegou a ter três papas simultaneamente: um em Roma, outro em Avignon e um terceiro eleito em Pisa. Cada um era apoiado por diferentes reis e cardeais. A crise foi encerrada com o Concílio de Constança, que destituiu os três e elegeu um novo papa legítimo, Martinho V.

O PAPA QUE VIROU SANTO... MIL ANOS DEPOIS

São Celestino V, o eremita que abdicou do papado em 1294, foi canonizado apenas 17 anos após sua morte. Curiosamente, ele foi muito criticado por Dante Alighieri na *Divina Comédia*, que o colocou nos portões do Inferno por sua suposta covardia. Ao longo do tempo, porém, foi revalorizado como símbolo de humildade radical.

A PRIMEIRA VIAGEM PAPAL DE AVIÃO

Embora os papas tenham passado séculos praticamente confinados ao Vaticano, isso mudou com Paulo VI, que em 1964 se tornou o primeiro papa a viajar de avião em missão pastoral, visitando a Terra Santa. Desde então, as viagens internacionais tornaram-se parte essencial do pontificado, sendo João Paulo II o recordista com mais de 100 visitas a países diferentes.

O PAPA QUE PROIBIU FUMAR... NO VATICANO

Embora não tenha sido uma bula solene, o papa Francisco proibiu em 2017 a venda de cigarros dentro do Vaticano, alegando que a Santa Sé "não pode cooperar com uma prática que prejudica a saúde". A medida foi bem recebida e fortaleceu sua imagem como defensor do bem comum e do cuidado com o corpo.

O MISTÉRIO DO NOME "FRANCISCO"

Ao ser eleito em 2013, o cardeal Jorge Mario Bergoglio surpreendeu ao escolher um nome nunca usado antes: Francisco. Ele revelou que sua escolha foi inspirada em São Francisco de Assis, símbolo da paz, da humildade e do cuidado com os pobres e a criação. Foi a primeira vez em dois milênios que um papa adotou esse nome.

O PAPA TAMBÉM É CHEFE DE ESTADO
E POSSUI PASSAPORTE PRÓPRIO

Além de ser líder espiritual da Igreja Católica, o papa é oficialmente o chefe de Estado da Cidade do Vaticano. Por isso, ele utiliza um passaporte diplomático da Santa Sé, diferente dos documentos comuns — o que reflete a posição única do papado como autoridade religiosa e política internacional.

Antipapa João XVI

CAPÍTULO 4

OS ANTIPAPAS

DISPUTAS, INTRIGAS E DIVISÕES NA SUCESSÃO DE PEDRO

A figura do antipapa surge sempre que há uma disputa ilegítima pela Cátedra de Pedro, o trono do papa. Em termos simples, trata-se de alguém que reivindica o papado sem o reconhecimento oficial da Igreja Católica, muitas vezes apoiado por facções políticas ou eclesiásticas rivais. Ao longo da história, foram registrados mais de 30 antipapas, quase todos em períodos de crise, cismas ou interferência do poder secular.

Embora o termo tenha conotação negativa, nem todos os antipapas foram hereges ou impostores no sentido moral. Alguns foram eleitos em contextos caóticos, por grupos sinceramente convencidos de sua legitimidade, o que torna essas histórias ainda mais complexas. A existência de antipapas revela os momentos em que a unidade da Igreja foi colocada à prova — e também a resiliência da instituição ao longo dos séculos.

O primeiro antipapa registrado foi Hipólito de Roma, no século III. Ele entrou em conflito com o papa Calisto I por questões doutrinárias e disciplinares. Hipólito era um teólogo rigoroso e se opôs ao que considerava tolerância excessiva do papa com pecadores. Acabou sendo eleito por uma facção dissidente.

O martírio de Santo Hipólito

Curiosamente, mais tarde reconciliou-se com a Igreja e foi canonizado como santo, tanto no Ocidente quanto no Oriente — uma rara exceção entre antipapas.

Entre os mais notórios está Félix II, considerado antipapa no século IV, apoiado pelo imperador Constâncio II durante a crise ariana. Outro caso emblemático é o de Anacleto II, rival de Inocêncio II no século XII, com apoio de boa parte da nobreza romana. Mas o período mais turbulento foi o chamado Cisma do Ocidente (1378–1417), quando a Igreja teve dois, e depois três papas simultaneamente.

Durante essa cisma, Urbano VI foi eleito em Roma, mas por pressão e violência; alguns cardeais alegaram que a eleição fora inválida e escolheram Clemente VII, que se instalou em Avignon, na França. Anos depois,

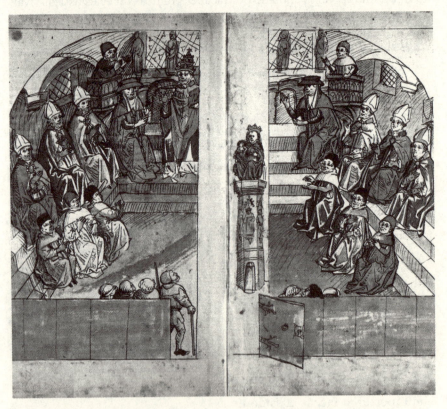

João XXIII debate com bispos no Concílio de Constança, por Ulrich Richental (c. 1465)

um terceiro papa foi eleito em Pisa, agravando ainda mais a divisão. Foi necessário um grande concílio, o Concílio de Constança, para destituir os rivais e eleger Martinho V, pondo fim ao impasse.

Os antipapas, quando derrotados ou reconciliados, foram depostos por diferentes meios: acordos diplomáticos, intervenções imperiais, decisões conciliares ou simples abandono. Alguns resistiram até a morte, outros renunciaram voluntariamente. Em casos mais

Antipapa Alexandre V

pacíficos, retornaram ao seio da Igreja. A figura do antipapa é sempre o reflexo de um tempo de instabilidade, em que fatores como política, teologia e influência regional colidem.

Hoje, a Igreja considera esses episódios como parte de sua trajetória histórica, mas não reconhece os antipapas como legítimos sucessores de Pedro. Nenhum antipapa é incluído na lista oficial dos 267 papas. Ainda assim, estudar os antipapas permite compreender como a autoridade eclesiástica foi disputada, moldada e testada ao longo dos séculos — e como, apesar das rupturas, a linha de sucessão foi preservada.

Mais do que notas de rodapé, os antipapas representam momentos em que a unidade da fé precisou ser reconquistada. São lembretes de que o papado, embora espiritual, está inserido em contextos históricos complexos — e que mesmo instituições milenares enfrentam suas tempestades.

O Primeiro Concílio Ecumênico, por Miguel Damasceno (c. 1591)

CAPÍTULO 5

PAPADO ANTIGO (SÉCULOS I – V)

O Papado Antigo abrange os primeiros séculos da história do cristianismo, período em que a Igreja ainda era uma comunidade marginalizada e perseguida no vasto Império Romano. Nessa era, os bispos de Roma — reconhecidos como sucessores do apóstolo Pedro — lideravam uma fé em rápido crescimento, mesmo sob o risco constante de prisão, tortura e martírio. Diversos papas foram canonizados por seu testemunho fiel até a morte, sendo exemplos de santidade. Foi também nesse contexto que a ideia de uma liderança centralizada na figura do papa começou a se consolidar como elemento essencial da estrutura eclesiástica.

Ao longo desses séculos desafiadores, a Igreja enfrentou heresias como o gnosticismo, o arianismo e o docetismo, exigindo dos papas firmeza na defesa da doutrina apostólica. Paralelamente, começou-se a organizar a vida litúrgica, definir os dogmas centrais da fé cristã e estruturar a relação entre o papa e os demais bispos espalhados pelo império. As cartas trocadas entre os papas e outras comunidades revelam o processo de construção de um modelo de liderança espiritual que, com o tempo, se tornaria referência para toda a cristandade.

A partir do Édito de Milão em 313, resultado de um acordo entre Constantino e os tetrarcas, o cristianismo passou a ter liberdade de culto, transformando a posição do papa. O bispo de Roma passou a exercer um papel cada vez mais visível na vida da cidade e do império. Ao final do século V, após a queda do Império Romano do Ocidente, o papa era amplamente reconhecido como uma das últimas figuras de autoridade moral, política e espiritual em uma sociedade profundamente abalada.

São Pedro, por Marco Zoppo (c. 1468)

1º · SÃO PEDRO | SIMÃO | C. 32–64

APÓSTOLO, MÁRTIR E O PRIMEIRO PAPA DA IGREJA

Poucas figuras são tão centrais à fé cristã quanto Simão, filho de Jonas, mais conhecido como Pedro. Nascido em Betsaida, na Galileia, era um simples pescador quando foi chamado por Jesus para segui-lo. A ele foi confiada uma missão singular: "Tu és Pedro, e sobre esta pedra edificarei a minha Igreja" (Mt 16,18). Com essas palavras, Jesus conferiu a Pedro uma primazia entre os apóstolos — um papel que viria a se tornar o fundamento espiritual e institucional do papado.

Pedro foi testemunha dos principais momentos da vida pública de Cristo: esteve presente na Transfiguração, na Última Ceia, na prisão no Getsêmani. Apesar de ter negado Jesus três vezes na noite da Paixão, foi também o primeiro a correr ao túmulo vazio e o primeiro a anunciar, com coragem, a ressurreição. Após a ascensão, tornou-se o líder natural dos cristãos em Jerusalém, atuando com firmeza e humildade na organização da jovem Igreja.

Pedro se estabeleceu posteriormente em Roma, capital do império, onde passou a liderar a comunidade cristã local. Foi lá que teria enfrentado perseguições sob o governo de Nero e, por volta do ano 64 d.C., foi crucificado de cabeça para baixo, por considerar-se indigno de morrer da mesma forma que Cristo. Seu túmulo, sob o altar principal da Basílica de São Pedro, é até hoje um dos locais mais venerados pelos cristãos.

O legado de São Pedro não é apenas simbólico. Sua figura sustenta a ideia de sucessão apostólica, pela qual o papa é reconhecido como legítimo sucessor de Pedro. Isso confere ao bispo de Roma uma autoridade espiritual singular entre os católicos. Sua figura também é invocada como modelo de fé imperfeita, mas fiel — alguém que erra, chora, aprende e se entrega por inteiro à missão que lhe foi dada.

Além da tradição católica, São Pedro é venerado também pela Igreja Ortodoxa e por diversas denominações cristãs. Seu nome é mencionado mais de 180 vezes no Novo Testamento, e suas cartas compõem parte do cânon bíblico. Na arte sacra, é frequentemente retratado com chaves — símbolo do poder espiritual que lhe foi confiado — e como um idoso de barba branca, firme, mas compassivo.

São Pedro não foi apenas o primeiro papa. Foi, acima de tudo, o sinal de que Deus escolhe líderes entre os frágeis. Sua vida é um lembrete de que a autoridade verdadeira nasce do serviço, da humildade e da fidelidade. É essa "pedra viva" que continua sustentando, século após século, o edifício espiritual da Igreja.

2º • SÃO LINO | C. 67–76

Nascido provavelmente na região da Toscana, na Itália, Lino é tradicionalmente reconhecido como o primeiro sucessor de São Pedro, sendo assim o segundo papa da história. É citado por Irineu de Lyon e também na Segunda Carta a Timóteo (4,21), o que o liga diretamente à geração apostólica. Assumiu o governo da Igreja em um momento de perseguição sob o imperador Nero, logo após o martírio de Pedro e Paulo. Ainda que poucos detalhes concretos de seu pontificado tenham sobrevivido, sua posição na lista dos bispos de Roma é unanimemente aceita pelos primeiros cronistas cristãos. Segundo a tradição, teria ordenado o uso do véu pelas mulheres durante a liturgia. Estudiosos o consideram um elo vital entre o colégio apostólico e a estrutura episcopal primitiva da Igreja.

3º • SANTO ANACLETO (OU CLETO) | C. 76–88

De origem grega, nascido provavelmente em Atenas, Anacleto foi o terceiro bispo de Roma, sucedendo São Lino. Seu pontificado ocorreu durante o governo do imperador Domiciano, um período de crescente repressão contra os cristãos. É lembrado por ter contribuído para a organização pastoral da comunidade romana, dividindo-a em distritos e designando presbíteros para orientar os fiéis, o que marca um passo importante na consolidação da hierarquia eclesiástica. A tradição também lhe atribui o início da construção de espaços fixos para o culto cristão, sinal da transição da Igreja de movimento marginal para comunidade estruturada. É venerado como mártir, embora os detalhes de sua morte permaneçam obscuros. Estudiosos apontam sua figura como parte da tríade fundacional do episcopado romano, entrelaçada com a memória viva dos apóstolos.

4º • SÃO CLEMENTE | C. 88–97

Quarto bispo de Roma e um dos Padres Apostólicos, é autor da *Carta de Clemente aos Coríntios*, distinta das epístolas paulinas do Novo Testamento. Escrita por volta do ano 96, a obra revela que a Igreja de Roma já exercia autoridade reconhecida sobre outras comunidades. Provavelmente romano de nascimento, viveu sob perseguições do imperador Domiciano e é venerado como mártir pela tradição.

5º • SÃO EVARISTO | C. 97–105

De origem grega, possivelmente nascido em Antioquia, foi o quinto bispo de Roma, exercendo o pontificado sob o imperador Trajano. É lembrado por ter preservado a sucessão apostólica em tempos de perseguição e consolidado a estrutura pastoral da Igreja. Foi responsável pela organização das paróquias em Roma, com a designação de presbíteros para distritos específicos — um passo importante na formação da administração eclesiástica. É venerado como mártir, embora os detalhes de sua morte sejam incertos.

6º • SÃO ALEXANDRE I | C. 105–115

Introduziu o uso da água benta e a bênção das casas, práticas que se tornariam marcas da piedade cristã ao longo dos séculos. Seu pontificado ocorreu durante o governo do imperador Trajano, período de perseguições veladas contra os cristãos.

Embora os detalhes de sua vida sejam escassos, é venerado como mártir e lembrado por sua contribuição à identidade litúrgica da Igreja primitiva.

7º • São Sisto I | c. 115–125

Seu pontificado decorreu sob o imperador Adriano, em um período de relativa estabilidade, mas ainda marcado pela vigilância contra os cristãos. A ele se atribuem normas litúrgicas importantes, como a exigência de que apenas ministros sagrados tocassem nos vasos do altar, reforçando o sentido de reverência na celebração. É tradicionalmente considerado mártir, e sua memória se preserva como a de um pastor atento à dignidade do culto cristão.

8º • São Telésforo | c. 125–136

Considerado mártir, é lembrado por ter instituído uma celebração noturna no Natal, reconhecida como a primeira expressão da futura Missa da Meia-noite, que seria formalizada séculos depois. Também lhe é atribuída a introdução do jejum da Quaresma. Seu pontificado reflete os primeiros passos da organização litúrgica da Igreja, mesmo sob perseguições.

9º • São Higino | c. 136–140

Durante seu pontificado, enfrentou o avanço das heresias gnósticas, que ameaçavam a integridade da fé cristã nascente. É tradicionalmente associado à organização da hierarquia eclesiástica em Roma, contribuindo para a definição de funções, como bispos e presbíteros. Provavelmente morreu mártir sob a perseguição do imperador Antonino Pio.

10º • São Pio I | c. 140–155

Natural da cidade de Aquileia, no norte da Itália, Pio I governou a Igreja em meio à disseminação das heresias gnósticas, reafirmando a tradição apostólica e a autoridade doutrinária de Roma. É tradicionalmente reconhecido como irmão de Hermas, autor da obra *O Pastor*, influente na espiritualidade dos primeiros cristãos. Seu pontificado foi decisivo para consolidar a identidade da fé frente aos desvios teológicos do século II.

11º • Santo Aniceto | c. 155–166

Nascido na Síria, foi um dos primeiros papas de origem oriental. Seu pontificado ficou marcado pelo esforço de reconciliação entre as tradições litúrgicas do Oriente e do Ocidente, especialmente em relação à data da celebração da Páscoa. Recebeu em Roma São Policarpo de Esmirna, com quem manteve diálogo respeitoso, mesmo sem alcançar consenso. Sua abertura ao diálogo e firmeza doutrinária ajudaram a consolidar a autoridade de Roma em tempos de crescente diversidade dentro do cristianismo.

12º • São Sotero | c. 166–174

Originário de Fondi, na Itália, Sotero foi lembrado por seu zelo pastoral e pelo cuidado com os pobres, fortalecendo o vínculo entre a fé e a caridade cristã. Enviava cartas pastorais às comunidades, reforçando a unidade da Igreja e a autoridade da Sé Romana. Seu pontificado sublinhou a importância da caridade como sinal distintivo da fé cristã, especialmente em tempos de perseguição e necessidade.

13º • São Eleutério | c. 174–189

Durante seu pontificado, a Igreja enfrentou discussões sobre o valor de práticas herdadas do judaísmo, especialmente quanto ao consumo de alimentos considerados impuros. Eleutério defendeu com firmeza a liberdade cristã, reforçando o ensino de que a fé, e não as observâncias rituais, é o fundamento da vida cristã. Sua carta aos fiéis da Gália revela o crescente papel doutrinário da Sé de Roma nas questões que afetavam toda a cristandade. É tradicionalmente identificado como originário da Grécia, possivelmente da cidade de Nicópolis.

14º • São Vítor I | c. 189–199

Nascido na província romana da África, na atual Tunísia, o papa Vítor foi o primeiro africano a ocupar o trono de São Pedro, tornando-se o décimo quarto papa da Igreja. Procurou unificar a celebração da Páscoa no Ocidente, o que o levou a um confronto com as igrejas orientais. Também foi São Vítor o primeiro papa a considerar toda água, sendo de mar, rio ou outras fontes, própria para batismo, na falta de água benta; e reconhecer o domingo como dia sagrado, em detrimento do sábado. Sua firmeza evidencia o fortalecimento da autoridade de Roma na cristandade. Sua origem africana é lembrada por um mosaico com seu retrato na Catedral Católica de Tunes.

15º • São Zeferino | c. 199–217

Seu pontificado atravessou uma fase de intensos debates teológicos, sobretudo contra o modalismo, heresia que negava a distinção entre as pessoas da Trindade. Foi um líder simples, mas firme na defesa da fé apostólica, sendo frequentemente assessorado por seu diácono Calisto, que viria a sucedê-lo como papa. Enfrentou pressões tanto externas quanto dentro da própria Igreja, consolidando a autoridade doutrinal da Sé Romana em tempos difíceis. Zeferino era natural de Roma.

16º • São Calisto I | 218–222

Sua trajetória surpreendente o levou de escravo a papa, em uma das histórias mais marcantes da Igreja antiga. Defensor da misericórdia, enfrentou forte oposição de teólogos rigoristas, como Hipólito, por acolher pecadores arrependidos e permitir sua reconciliação com a comunidade. Também organizou e expandiu o primeiro cemitério cristão público de Roma, hoje conhecido como as Catacumbas de São Calisto, que se tornaram símbolo da fé dos primeiros séculos. Era de origem servil, provavelmente romano.

17º • São Urbano I | 222–230

Governou a Igreja durante o reinado de Alexandre Severo, um dos raros períodos de paz para os cristãos no século III. Aproveitando esse cenário, teria incentivado o uso de cálices de prata na liturgia e promovido a organização dos bens da Igreja, preparando estruturas que sustentariam a missão cristã nos tempos de perseguição. É considerado natural de Roma.

18º • São Ponciano | 230–235

Em meio a uma das mais duras perseguições do século III, foi exilado para as minas da Sardenha, onde sofreu com condições brutais e acabou morrendo. Sua renúncia voluntária ao pontificado, feita para não deixar a Igreja sem liderança ativa, é considerada o primeiro registro histórico de abdicação papal — gesto que foi acompanhado pela renúncia do antipapa Hipólito, com quem se reconciliou. É considerado natural de Roma.

ANTIPAPA SANTO HIPÓLITO | C. 217–235

Reconhecido como o primeiro antipapa da história da Igreja, Hipólito era um teólogo rigoroso e erudito, que entrou em conflito com os papas de sua época por discordar de decisões pastorais — especialmente em relação ao perdão dos pecadores. Considerava que a Igreja estava sendo excessivamente tolerante, o que, em sua visão, comprometia a pureza doutrinal. Foi exilado para as minas da Sardenha durante a perseguição de Maximino Trácio, onde se reconciliou com o papa Ponciano. Ambos morreram no exílio e hoje são venerados como mártires da unidade. Segundo as fontes mais aceitas, era provavelmente de origem grega, o que se reflete no estilo de seus escritos e na sua formação filosófica.

19º • SANTO ANTERO | 235–236

Eleito após a abdicação de São Ponciano, teve um pontificado muito breve, de aproximadamente um mês, mas é lembrado por ter iniciado o registro oficial dos atos dos mártires e das atividades da Igreja, gesto que demonstrava profundo respeito pela memória dos perseguidos e pela continuidade institucional da fé. Morreu em meio à perseguição do imperador Maximino Trácio. É considerado de origem grega.

20º • SÃO FABIANO | 236–250

Sua eleição é marcada por um relato singular: uma pomba teria pousado sobre sua cabeça durante a assembleia dos fiéis, sendo interpretado como sinal divino — e assim foi aclamado papa. Durante seu longo pontificado, promoveu a organização administrativa da Igreja de Roma, dividindo-a em sete regiões, cada uma sob o cuidado de um diácono, medida que fortaleceu o serviço pastoral e a assistência aos necessitados. Morreu mártir na perseguição do imperador Décio. É considerado romano de nascimento.

PAPADO ANTIGO (SÉCULOS I – V)

21º • São Cornélio | 251–253

Natural de Roma, liderou a Igreja em tempos conturbados, logo após a perseguição do imperador Décio. Enfrentou um cisma provocado por Novaciano, que defendia uma comunidade rigorosa, sem perdão para os apóstatas. Cornélio afirmou com firmeza a doutrina da misericórdia e da reconciliação, reafirmando que a Igreja deveria acolher os pecadores arrependidos. Morreu exilado, fiel à sua missão pastoral.

22º • São Lúcio I | 253–254

Eleito em um tempo de perseguições, foi exilado logo após assumir o papado, mas retornou corajosamente a Roma para reassumir sua missão pastoral. Sua firmeza foi admirada pelos fiéis e considerada sinal de dedicação à Igreja. Natural de Roma, Lúcio deu continuidade à política de reconciliação com os *lapsi*, cristãos que haviam cedido à pressão das torturas, mas buscavam voltar à fé com arrependimento sincero.

23º • Santo Estêvão I | 254–257

Teve um pontificado marcado por tensões doutrinais, especialmente com os bispos do norte da África, a respeito da validade do batismo administrado por hereges. Estêvão defendeu a posição de que o batismo era válido quando feito em nome da Trindade, independentemente de quem o ministrasse — uma visão que influenciou fortemente a tradição posterior da Igreja. Natural de Roma, exerceu seu ministério com firmeza em meio a perseguições e debates teológicos intensos.

24º • São Sisto II | 257–258

Durante uma das perseguições mais violentas do século III, ordenada pelo imperador Valeriano, Sisto II exerceu um pontificado breve, mas de grande testemunho. Foi surpreendido e preso enquanto celebrava a liturgia nas catacumbas e, pouco depois, executado junto com quatro de seus diáconos. Considerado um líder sereno e conciliador, buscava restaurar a paz entre as comunidades cristãs. De origem grega, é venerado como mártir da fé e símbolo de fidelidade pastoral até o fim.

25º • São Dionísio | 259-268

Era um jovem missionário enviado pelo Papa Fabiano (236-250) para evangelizar a antiga Gália do norte. São Dionísio, ou São Dinis de Paris, apóstolo da Gália, fundou a primeira comunidade católica em Lutécia, atual Paris, e foi seu primeiro bispo. Sua missão, porém, começou a incomodar os magos gauleses e os romanos fiéis ao imperador Valeriano, que perseguia duramente os cristãos. Os gauleses acusaram-no de bruxaria e práticas maléficas, e os romanos prenderam-no porque São Dinis não reconhecia o imperador como um Deus. Assumiu o papado logo após a trégua nas perseguições, conduzindo a Igreja num período de reconstrução e reorganização. Reestruturou a diocese de Roma, reafirmou a ortodoxia do ensino sobre a Trindade e procurou restaurar a unidade com as comunidades cristãs do Oriente por meio de cartas e orientações doutrinárias. De origem italiana, destacou-se por seu equilíbrio entre firmeza teológica e espírito pastoral.

26º • São Félix I | 269-274

Seu pontificado foi marcado por um momento de relativa paz para os cristãos, o que permitiu maior desenvolvimento doutrinário e pastoral. Durante seu pontificado, ele incentivou a construção de igrejas e lugares de culto, fortalecendo a comunidade cristã em um período de perseguição. Félix acreditava que os fiéis precisavam de espaços sagrados para celebrarem a fé e se fortalecerem espiritualmente.

Ele também foi conhecido por sua preocupação com os mártires e suas famílias. São Félix instituiu a prática de celebrar a memória dos mártires com missas especiais, tradição que permanece até hoje na Igreja. Defendeu com clareza a divindade de Cristo, frente a correntes que a negavam ou diluíam, e é frequentemente associado à prática de sepultar os mártires sob os altares, gesto que reforçou a sacralidade da memória cristã. Natural de Roma, São Félix é lembrado como um papa que consolidou aspectos fundamentais da liturgia e da veneração dos santos.

PAPADO ANTIGO (SÉCULOS I – V)

27º • São Eutiquiano | 275–283

Governou a Igreja durante um período de relativa tolerância imperial, aproveitando o contexto para fortalecer os ritos funerários e o cuidado com os mártires. É lembrado por ter sepultado com honra inúmeros cristãos perseguidos, consolidando a tradição das catacumbas como locais de veneração. Também teria regulamentado o uso de vestes litúrgicas nas celebrações. Além de seu cuidado pastoral, São Eutiquiano dedicou-se a fortalecer a fé do povo e a unidade da Igreja. Ele incentivava os cristãos a perseverarem na fé, mesmo em face das dificuldades, e organizava celebrações eucarísticas em segredo para sustentar a esperança dos fiéis.

Seu pontificado foi também marcado pela preservação dos rituais e pela organização das celebrações litúrgicas, que ajudaram a manter vivas as tradições da Igreja. Ele acreditava que a unidade e a fé do povo dependiam de uma prática religiosa sólida e bem estruturada.

Originário da cidade de Luni, na região da Toscana, sua figura simboliza a dignidade pastoral diante do sofrimento e da memória cristã.

28º • São Caio (Caius) | 283–296

Seu pontificado ocorreu em um período de crescente instabilidade, às vésperas das grandes perseguições do século IV. Reorganizou a administração da Igreja, dando passos importantes na estruturação da hierarquia eclesiástica, com orientações sobre as etapas para o acesso ao episcopado.

São Caio também pode ser considerado o primeiro Papa que reuniu fiéis e emissários imperiais durante uma forte discussão a respeito da legitimidade das cobranças de tributos sobre os cristãos. Assim, conseguiu bastante confiança dos governantes Romanos. Conseguiu conter inúmeros agitadores que desejavam vingança pela morte de outros papas usando de atos de vandalismo. Por causa da perseguição romana, São Caio foi decapitado no dia 22 de abril de 296. Sua tumba, ainda com o epitáfio original, foi encontrada na Catacumba de São Calisto, junto com o anel usado por ele para selar cartas. Hoje em dia, seus restos mortais podem ser encontrados na capela da família Barberini. Natural da Dalmácia, atual Croácia, é venerado como mártir e líder prudente.

29º • SÃO MARCELINO | 296–304

Assumiu o pontificado durante a terrível perseguição do imperador Diocleciano, uma das mais violentas enfrentadas pelos cristãos. Papa Marcelino foi responsável pela evangelização do primeiro país cristão do mundo, a Armênia. De acordo com o *Liber Pontificalis*, São Marcelino teria sido martirizado pelo próprio Diocleciano, que deixou seu corpo exposto em praça pública por 26 dias. Os falsos rumores surgidos no norte da África acusando São Marcelino de ter entregado documentos da Igreja foram desmentidos por Santo Agostinho, defensor dos mártires, mais de um século depois. Natural de Roma, São Marcelino é venerado como santo nos antigos martirológios da Igreja.

PERÍODO SEM PONTIFICADO | 304-308

Entre os pontificados de São Marcelino (†304) e São Marcelo I (308–309), a Igreja de Roma atravessou um dos períodos mais sombrios de sua história. A perseguição do imperador Diocleciano, iniciada em 303, foi a mais intensa e sistemática já enfrentada pelos cristãos até então. Templos foram destruídos, textos sagrados queimados e líderes da Igreja presos ou mortos. Diante desse cenário, tornou-se praticamente impossível reunir o clero e os fiéis para eleger um novo bispo de Roma. A sede apostólica permaneceu vaga por cerca de quatro anos, não por desorganização, mas por sobrevivência.

Com a abdicação de Diocleciano em 305 e a mudança gradual do panorama político, a comunidade cristã começou a emergir das sombras. Ainda assim, o ambiente permanecia hostil, e a eleição de um novo papa só se concretizaria em 308, com a escolha de São Marcelo I. Esse hiato papal não representa um vazio de fé, mas um tempo de resistência silenciosa e fidelidade anônima, no qual a Igreja sobreviveu dispersa, sustentada pela esperança, pela oração e pela coragem de seus mártires.

30º • São Marcelo I | c. 308–309

Em um período de reconstrução após as perseguições, Marcelo encontrou a Igreja em uma situação desastrosa. Grupos de apóstatas, que renegaram a fé adorando ídolos pagãos, fazendo oferendas e abjurando a fé, reivindicavam a readmissão sem ter que se arrepender, sob a justificativa de martírio e morte iminentes. Defensor da disciplina, exigiu penitência pública dos apóstatas, o que gerou desordens, mas foi o primeiro passo para a reorganização da Igreja perseguida. No *Liber Pontificalis* e no *Breviário Romano*, em versão do século V, é descrito nos *Acta Sanctorum*: "Magêncio, enfurecido pela reorganização da Igreja, comandada por Marcelo, exigia ao papa que renunciasse à sua dignidade episcopal e que adorasse aos ídolos pagãos, como seu predecessor. À sua recusa, este foi condenado a trabalhar como escravo numa estação postal

São Marcelo I, papa e mártir, por Jacques Callot (1636)

(catabulum) de Roma. Depois de nove meses, foi libertado pelo clero romano, mas foi novamente condenado por ter consagrado a casa da matrona romana Lucina. A condenação consistia em cuidar dos cavalos recolhidos no mesmo catabulum. Poucos dias depois, Marcelo morreu". Essa informação permitiu localizar o local do martírio do papa: o título de Marcelo, nos correios públicos, chamava-o de "San Marcello in Catabulo". Por tal motivo, é considerado o padroeiro dos cocheiros e dos treinadores de cavalos.

31º • SANTO EUSÉBIO | 309

O papado de Santo Eusébio encontrou a Igreja tomada por atos de violência e perturbação da cristandade. A discussão sobre a readmissão dos apóstatas, ou seja, daqueles que declaradamente abandonaram a religião, gerou um grande conflito entre o papa, que defendia a readmissão apenas para aqueles que apresentassem arrependimento público, como seus antecessores, e Heráclito, líder dos rebeldes, que exigiam a reintegração imediata no corpo da Igreja. Por causa desses conflitos, Santo Eusébio e Heráclito foram exilados pelo imperador Maxêncio. Santo Eusébio foi deportado para a Sicília em 17 de agosto, onde morreu. O corpo foi transferido, em seguida, para Roma, em 311, e colocado nas Catacumbas de São Calisto, perto da cripta do papa Caio.

32º • SÃO MILCÍADES | 311–314

Seu pontificado marcou a transição histórica da perseguição para a tolerância, após a ascensão de Constantino, que garantiu liberdade religiosa aos cristãos. Milcíades foi o primeiro papa a governar a Igreja sem o peso constante da clandestinidade, iniciando a reorganização da vida eclesial como instituição com liberdade reconhecida pelo Império. Natural da África do Norte, sua liderança simboliza o início de uma nova era para o cristianismo.

O FIM DAS PERSEGUIÇÕES

A ascensão de Constantino ao poder imperial marcou uma virada decisiva na história do cristianismo. Após vencer a Batalha da Ponte Mílvia em 312, atribuindo sua vitória ao Deus cristão, o imperador iniciou um processo de aproximação com os cristãos, até então perseguidos pelo Estado. Em 313, junto com o coimperador Licínio, promulgou o Édito de Milão, que concedia liberdade de culto a todas as religiões — incluindo, pela primeira vez, o cristianismo de forma oficial.

Batalha da Ponte Mílvia, por Júlio Romano

Esse gesto encerrou séculos de perseguição e abriu caminho para que a Igreja deixasse a marginalidade e passasse a atuar livremente na vida pública. O cristianismo deixou de ser uma fé subterrânea para ocupar espaços públicos no Império, iniciando um processo de crescimento institucional que transformaria profundamente a cultura, a política e a espiritualidade do mundo romano.

33º • São Silvestre I | 314–335
Governou a Igreja durante o pontificado mais simbólico da transição entre a perseguição e o prestígio imperial. Embora não tenha participado pessoalmente do Concílio de Niceia (325), apoiou suas decisões, especialmente contra a heresia ariana. Sob o mecenato do imperador Constantino, viu a Igreja receber templos, propriedades e uma influência sem precedentes no Império Romano. Natural de Avelino, Itália, São Silvestre testemunhou o início de uma nova era cristã — pública, legal e monumental. Foi um dos primeiros santo canonizados sem sofrer martírio, mas por sua total entrega a Deus.

34º • São Marcos | 336

Teve um pontificado breve, de apenas alguns meses, mas deixou marcas importantes na organização interna da Igreja. Reestruturou os cargos eclesiásticos e fortaleceu a liturgia romana, estabelecendo normas que ajudaram a consolidar a vida cultural da comunidade cristã. Seu breve governo foi marcado pelo zelo administrativo e pastoral. Era natural de Roma, e sua memória é preservada como a de um pontífice prudente e diligente.

35º • São Júlio I | 337–352

Atuou em um dos momentos mais críticos das disputas teológicas da Igreja primitiva, sendo um firme defensor da ortodoxia nicena contra o avanço do arianismo. Deu apoio decisivo a Santo Atanásio, exilado por seus opositores, e reafirmou a autoridade doutrinal da Sé Romana nas deliberações teológicas que agitavam o mundo cristão. Nascido em Roma, Júlio é lembrado como uma das vozes mais firmes da Igreja no século IV.

36º • Libério | 352–366

Foi o primeiro papa a ser exilado por motivos doutrinais, após resistir à pressão do imperador ariano Constâncio II para condenar Santo Atanásio e aderir a fórmulas teológicas ambíguas. Durante seu exílio, fontes divergentes afirmam que teria assinado uma fórmula próxima ao arianismo, embora tenha retomado sua posição ortodoxa ao retornar a Roma. De origem romana, Libério é lembrado como uma figura controversa, respeitado por sua coragem inicial, mas cercado por debates quanto à sua firmeza doutrinária.

37º • São Dâmaso I | 366–384

Seu pontificado foi decisivo para a definição da identidade doutrinária e cultural da Igreja. Enfrentou cismas internos logo após sua eleição, mas consolidou sua autoridade ao longo de quase duas décadas de governo. Foi ele quem encarregou São Jerônimo de traduzir a Bíblia para o latim, originando a *Vulgata*, versão autêntica que marcaria profundamente o Ocidente cristão e uma das principais fontes da tradução dos originais da Bíblia. Também incentivou a valorização dos mártires, restaurando catacumbas e inscrevendo epígrafes em latim poético. Natural da Hispânia, Dâmaso foi um hábil articulador da fé e da cultura.

38º • São Sirício | 384–399

Foi o primeiro papa a emitir decretos com autoridade universal, inaugurando o uso efetivo das Cartas papais como instrumento de governo da Igreja. Atuou com firmeza em questões disciplinares, como o celibato clerical e a administração dos sacramentos. Seu pontificado marca o fortalecimento da figura do bispo de Roma como referência para toda a cristandade. Nascido em Roma, Sirício consolidou práticas pastorais que moldaram a Igreja por séculos.

39º • Santo Anastácio I | 399–401

Teve um pontificado breve, mas atuante, especialmente no enfrentamento de correntes teológicas consideradas perigosas, como os escritos de Orígenes, que condenou por suas especulações sobre a preexistência das

O papa Sirício abençoa Santa Auta e o Príncipe Conan

almas e a salvação universal. Defensor da ortodoxia e da clareza doutrinária, buscou orientar os bispos do Ocidente diante das controvérsias do Oriente cristão. Natural de Roma, Anastácio é lembrado como um papa vigilante na preservação da fé.

40º • Santo Inocêncio I | 401–417

Conduziu a Igreja durante um dos períodos mais críticos da Antiguidade, tendo de lidar com o saque de Roma pelos visigodos em 410, sob Alarico. Apesar da devastação, manteve-se como figura central de autoridade e estabilidade, auxiliando na reconstrução moral e pastoral da comunidade cristã, inclusive persuadindo o imperador Flávio Honório a proibir combates de gladiadores. Foi também defensor da doutrina da primazia romana, especialmente nas relações com o Oriente. Um dos mais severos defensores da doutrina e da disciplina eclesiástica. Curiosamente, Inocêncio I era filho do papa Anastácio e o sucedeu no pontificado. Nascido em Albano, nos arredores de Roma, é lembrado como um papa firme diante do colapso do mundo antigo.

41º • São Zózimo | 417–418

Natural da Grécia, governou a Igreja por pouco mais de um ano, mas enfrentou importantes controvérsias doutrinárias e disciplinares. Inicialmente adotou uma postura favorável ao monge Pelágio, que defendia uma teoria herética denominada pelagianismo, o que gerou reações negativas e o levou a recuar diante da pressão de bispos africanos, reafirmando a condenação do pelagianismo. Também se envolveu em disputas sobre a autoridade episcopal na Gália. Seu breve pontificado reflete as tensões entre tradição e inovação teológica nos primeiros séculos da Igreja.

42º • São Bonifácio I | 418–422

Assumiu o pontificado em meio a um cisma complexo, disputando sua eleição com o antipapa Eulálio até que o imperador Honório interveio em favor de sua legitimidade canônica. Após vencer a crise, dedicou-se a restaurar a unidade da Igreja e reafirmar sua autoridade pastoral. Era natural de Roma, e sua atuação firme ajudou a conter os avanços do pelagianismo e a manter o vínculo doutrinário com as comunidades do Norte da África e do Oriente.

43º • São Celestino I | 422–432

Liderou a Igreja durante um período de intensas controvérsias doutrinárias, especialmente contra o nestorianismo, heresia que separava as naturezas humana e divina de Cristo. Enviou delegados ao Concílio de Éfeso (431), onde apoiou a condenação de Nestório e a afirmação do título de Maria como Mãe de Deus (*Theotokos*). Originário da região do Abruzzo, na Itália, também se destacou por enviar missionários às Gálias e às Ilhas Britânicas, ampliando o alcance da Igreja no Ocidente.

44º • SÃO SISTO III | 432–440

Governou durante um momento de consolidação da ortodoxia cristã, logo após o Concílio de Éfeso (431). Defensor da maternidade divina de Maria, foi responsável por ampliar e embelezar a Basílica de Santa Maria Maior, em Roma, uma das mais importantes igrejas dedicadas à Virgem. Seu pontificado marcou também o fortalecimento da autoridade papal sobre as igrejas do Ocidente, em meio a tensões políticas e eclesiásticas com Constantinopla.

MISSA DO GALO (OU MISSA DA MEIA-NOITE)

A Missa do Galo, ou Missa da Meia-noite, atualmente chamada missa da Vigília de Natal, é uma das celebrações mais tradicionais do calendário litúrgico. Realizada na virada do dia 24 para o dia 25 de dezembro, marca o início do Natal com solenidade e profundidade espiritual. Celebra-se o nascimento de Jesus Cristo, a Luz que irrompe na noite, em um ambiente marcado por cantos, leituras bíblicas e a esperança renovada. A realização da missa à meia-noite simboliza a chegada da luz divina no momento mais escuro do dia, e esse gesto se transformou, ao longo dos séculos, em um dos mais amados rituais da Igreja.

A origem oficial da Missa da Meia-noite remonta ao século V, durante o pontificado do Papa Sisto III, em Roma. Foi ele quem determinou que o Natal fosse celebrado com uma missa noturna na Basílica de Santa Maria Maior, que havia mandado construir em honra à Mãe de Deus. Essa prática se espalhou pelo mundo cristão e, durante a Idade Média, foi consolidada na liturgia romana como parte de um tríduo de missas natalinas. O nome "Missa do Galo" surgiu da tradição popular ibérica, segundo a qual um galo teria cantado à meia-noite para anunciar o nascimento do Salvador, ou que a missa deveria terminar antes do primeiro canto do galo. A expressão permanece viva especialmente em países como Portugal, Espanha e Brasil, reforçando o elo entre a fé e a cultura popular.

Com o passar do tempo, a missa passou a ser celebrada em horários mais acessíveis, como 20h ou 22h, por motivos práticos e pastorais. Ainda assim, preserva o nome e o significado profundo. Embora faça parte de um conjunto de três missas natalinas — incluindo também a Missa da Aurora e a Missa do Dia —, é a celebração da noite que concentra maior carga simbólica. Nela, a Igreja contempla o mistério da Encarnação com um senso de recolhimento e alegria silenciosa, recordando que o Filho de Deus veio ao mundo de modo humilde e discreto, como uma luz suave rompendo a escuridão.

São Sisto III

Mais do que um rito anual, a Missa do Galo é um convite à contemplação da presença de Deus que continua a nascer em meio às noites da humanidade. Sua força está na união entre o mistério e a simplicidade, entre a liturgia e a vida concreta das pessoas. É nesse encontro que famílias se reúnem, corações se aquecem e a fé se renova. Por isso, ela não é apenas uma memória do passado, mas uma celebração viva de esperança, feita para que cada Natal seja, de fato, um novo começo.

45º • SÃO LEÃO I (LEÃO MAGNO) | 440–461

O PAPA QUE ENFRENTOU ÁTILA E MOLDOU O PAPADO COMO AUTORIDADE ESPIRITUAL UNIVERSAL

Leão I, também conhecido como Leão Magno, foi papa entre os anos 440 e 461 e é considerado um dos maiores pontífices da história da Igreja. Foi o primeiro papa a receber o título de "Magno", sinal de sua grandeza teológica, diplomática e pastoral. Nasceu por volta do ano 400, provavelmente na Toscana, e antes de sua eleição já era conhecido por sua inteligência e habilidade como diácono da Igreja de Roma.

Seu pontificado se destacou por momentos decisivos tanto na esfera religiosa quanto política. Em um Império Romano em declínio, marcado por invasões bárbaras e instabilidade interna, Leão I assumiu um papel inédito: liderar não apenas a Igreja, mas atuar como último bastião de ordem no Ocidente. Em 452, ficou famoso por enfrentar pessoalmente Átila, o Huno, que se aproximava de Roma com seu exército. O encontro, em Mântua, resultou na retirada de Átila — um feito atribuído à coragem diplomática de Leão e, por muitos fiéis, à intervenção divina.

Leão também é lembrado como um dos maiores teólogos papais da Antiguidade. Sua carta ao Concílio de Calcedônia (451), conhecida como

O Papa São Leão Magno, por Francisco Herrera Mozo

o "Tomo de Leão", foi decisiva para a definição da doutrina cristã sobre a natureza de Cristo: "uma só pessoa com duas naturezas, divina e humana, sem confusão nem separação". Essa formulação foi aceita unanimemente pelos bispos reunidos e é considerada um marco na ortodoxia cristã.

Além de sua atuação doutrinal e diplomática, Leão I contribuiu para o fortalecimento da primazia do bispo de Roma como sucessor de Pedro. Em um tempo em que a Igreja era descentralizada e os patriarcas do Oriente tinham grande influência, ele defendeu com vigor a ideia de que o papa detinha uma autoridade universal sobre todos os cristãos. Essa concepção se tornaria um dos fundamentos do papado como o conhecemos hoje.

Canonizado pela Igreja, São Leão Magno é celebrado no dia 10 de novembro. Sua figura é símbolo da união entre fé e razão, entre poder espiritual e responsabilidade histórica. Ele não apenas salvou Roma de uma catástrofe iminente, mas moldou a identidade do papado como guardião da doutrina, pastor dos fiéis e referência moral para um mundo em transformação.

46º • SANTO HILÁRIO | 461–468

Defendeu com firmeza a autoridade da Sé Romana frente aos bispos da Gália e da Hispânia que buscavam agir com autonomia doutrinária e disciplinar. Trabalhou para manter a coesão da Igreja e reforçar o papel do papa como árbitro das decisões eclesiais. Nascido na Sardenha, também deu continuidade à consolidação litúrgica e administrativa promovida por seus predecessores, fortalecendo a estrutura institucional da Igreja no Ocidente.

47º • SÃO SIMPLÍCIO | 468–483

Governou a Igreja durante o colapso final do Império Romano do Ocidente, testemunhando a deposição do último imperador romano em 476. Enfrentou tensões entre Roma e Constantinopla, especialmente em torno da autoridade papal e das controvérsias teológicas que surgiam no Oriente. Natural do Tibur, atual Tivoli, próximo a Roma, esforçou-se para manter a unidade da fé e garantir a continuidade da missão pastoral em tempos de profunda instabilidade política.

A Virgem e o Menino, por Duccio di Buoninsegna (c. 1300)

CAPÍTULO 6

IDADE MÉDIA
(SÉCULOS VI – XV)

Na Idade Média, o papado atravessou mil anos de transformações profundas, tornando-se uma instituição de poder espiritual e temporal. Após a queda do Império do Ocidente, os papas passaram a representar uma continuidade institucional e cultural. Através de alianças com reinos germânicos, como o dos francos, consolidaram seu prestígio como chefes da cristandade ocidental. A coroação de Carlos Magno por Leão III, em 800, simbolizou a fusão entre autoridade espiritual e política que marcou este período.

Ao longo da Idade Média, os papas enfrentaram crises internas e externas. Foram protagonistas nas Cruzadas, na organização de concílios e na mediação de conflitos entre reis e impérios. Também precisaram lidar com períodos de grande instabilidade, como a "pornocracia" (quando famílias nobres controlavam o papado), o Cisma do Ocidente (quando houve mais de um papa simultaneamente) e a transferência da sede para Avignon, na França. Esses eventos ameaçaram a unidade da Igreja, mas também estimularam reformas e reafirmações de autoridade.

Apesar dos desafios, o papado medieval foi também responsável por promover a cultura, fundar universidades, consolidar a escolástica e fortalecer a identidade cristã europeia. Grandes figuras como Gregório VII, Inocêncio III e Bonifácio VIII exerceram enorme influência política e espiritual, deixando um legado que marcou e moldou profundamente a história da Europa e da própria Igreja.

Papa Félix III

48º • SÃO FÉLIX III | 483–492

Teve um papel central na crise entre as Igrejas do Oriente e do Ocidente ao se opor firmemente ao patriarca de Constantinopla, Acácio, por conta do Henótico — documento imperial que buscava reconciliar cristãos ortodoxos e monofisitas à custa da clareza doutrinária. Essa posição provocou um cisma duradouro entre Roma e Constantinopla. De origem romana e membro de uma família senatorial, Félix consolidou a autoridade doutrinária do papa e reafirmou os princípios do Concílio de Calcedônia (451).

49º • SÃO GELÁSIO I | 492–496

Reafirmou com clareza a distinção entre o poder espiritual e o temporal, defendendo a primazia espiritual da Sé de Pedro sobre qualquer autoridade política — ideia que influenciaria profundamente o pensamento político cristão na Idade Média. Combateu o pelagianismo, organizou a liturgia e escreveu textos teológicos de notável profundidade. Era romano, filho de pais africanos, provavelmente oriundos da província romana da África (atual Tunísia ou Argélia), o que lhe conferia uma identidade enraizada nas tradições cristãs do norte da África.

Papa Gelásio

50º · ANASTÁCIO II | 496–498

Teve um pontificado breve, mas delicado, ao tentar restabelecer o diálogo com a Igreja de Constantinopla, rompida desde o cisma do Papa Félix III. Sua abertura à reconciliação foi mal-recebida por parte do clero romano, que temia concessões doutrinárias ao monofisismo. Natural de Roma, sua figura permaneceu controversa por séculos, sendo inclusive retratado por Dante em *A Divina Comédia* como símbolo de ambiguidade eclesial — embora a condenação literária não reflita necessariamente o julgamento da Igreja.

A DIVINA COMÉDIA E O PONTIFICADO

A Divina Comédia, obra-prima de Dante Alighieri, foi escrita no contexto de uma profunda crise política e religiosa no século XIV. Dante, um exilado político, usou sua obra para expressar suas frustrações com as instituições de sua época, incluindo a Igreja. Dentro dessa crítica, ele incluiu várias figuras históricas, como papas, que desempenham um papel significativo no desenvolvimento de sua alegoria. Os papas mencionados, como Anastácio II, Bonifácio VIII, Clemente V e Nicolau III, são representados no Inferno e são amplamente criticados por sua corrupção, simonia e abuso de poder. Estas figuras, colocadas em círculos de punição, refletem o descontentamento de Dante com o papado, que ele via como corrupto e excessivamente envolvido na política, em detrimento da moralidade cristã e da verdadeira espiritualidade.

Por outro lado, Dante também coloca figuras papais em sua obra que representam os ideais de liderança espiritual e moral. São Pedro e São Gregório I, por exemplo, são posicionados no Paraíso, simbolizando o papado ideal e a autoridade legítima da Igreja. Para Dante, São Pedro representa a fundação da Igreja e a verdadeira liderança cristã, enquanto

São Gregório I é exaltado como modelo de papa virtuoso e sábio, que governava com integridade e zelo pela fé. Dessa forma, *A Divina Comédia* oferece uma visão crítica do papado medieval, ao mesmo tempo que propõe um contraste entre os papas falhos e os modelos espirituais de liderança cristã. A obra não é apenas uma crítica literária, mas uma reflexão profunda sobre o papel da Igreja na sociedade medieval.

Dante Alighieri com Florença e os Reinos da Divina Comédia (Inferno, Purgatório, Paraíso), por Alesso Baldovinetti (1465)

51º • SÃO SÍMACO | 498–514

O pontificado de Símaco foi marcado por um violento conflito com o antipapa Lourenço, que dividiu o clero romano e gerou uma grande instabilidade na Igreja. Mesmo diante das pressões políticas e da oposição interna, Símaco defendeu a autonomia do papado, resistindo à interferência secular, especialmente da corte ostrogoda de Teodorico, que tentava influenciar as decisões eclesiásticas. Sua liderança ajudou a reafirmar a autoridade do papa em tempos de crise e disputas internas.

52º • SANTO HORMISDA | 514–523

Hormisda assumiu o papado em um período de grande divisão, especialmente entre o Oriente e o Ocidente. Um dos maiores feitos de seu pontificado foi restaurar a comunhão com a Igreja de Constantinopla, resolvendo o cisma acirrado entre Roma e o Oriente, que havia se intensificado devido ao monofisismo. Sua habilidade diplomática foi crucial para a reconciliação de diversas facções e para a reafirmação da autoridade papal. Durante sua liderança, ele também trabalhou para consolidar o papel de Roma como líder da Igreja universal.

53º • SÃO JOÃO I | 523–526

Natural da região da Toscana, João I foi escolhido papa em um período crítico para a Igreja, quando as tensões entre o Império Bizantino e o Reino Ostrogodo estavam em ascensão. Enviado como emissário de Teodorico para Constantinopla, a fim de tentar conciliação com os árabes por parte do imperador Justiniano, João I foi mártir após sua viagem: embora tenha sido tratado com cortesia, foi preso e morreu negligenciado por Teodorico, sendo vítima das intrigas políticas da época. Sua morte foi vista como uma forma de repressão política, e ele é lembrado como mártir e defensor da fé durante um período de profundas divisões entre o Oriente e o Ocidente.

54º • SÃO FÉLIX IV | 526–530

Governou em um período de relativa paz e estabilidade, apesar das contínuas pressões políticas. Nomeado pelo rei ostrogodo Atalarico, tentou consolidar sua liderança e, de forma inédita, organizou a sucessão papal ao nomear seu sucessor ainda em vida, o que gerou controvérsia entre o clero romano. Seu pontificado é lembrado tanto por suas tentativas de fortalecimento institucional da Igreja quanto pelas divisões internas causadas por suas escolhas.

55º • BONIFÁCIO II | 530–532

De origem germânica, Bonifácio II foi o primeiro papa de ascendência não romana, algo notável para a época. Seu pontificado foi marcado por uma forte influência do Império Ostrogodo, o que lhe conferiu um papel relevante na política eclesiástica. Durante seu papado, buscou consolidar a unidade da Igreja, mas sua nomeação e políticas geraram controvérsias, especialmente por causa da tentativa de nomear seu sucessor antes de sua morte, o que foi amplamente rejeitado pelo clero romano. Sua morte prematura deixou a questão da sucessão papal em aberto, tornando seu pontificado um período de tensão e mudanças para a Igreja.

56º • JOÃO II | MERCÚRIO | 533–535

Nascido com o nome de Mercúrio, foi o primeiro papa a mudar de nome ao ser eleito, adotando o nome João para evitar a associação com o deus romano Mercúrio, uma figura pagã. Seu pontificado foi curto, mas significativo, marcado pela defesa da ortodoxia cristã e pela reconciliação com a Igreja do Oriente. Trabalhou para fortalecer a autoridade papal diante das pressões externas, especialmente da corte bizantina, e também se destacou pelo seu zelo em manter a disciplina eclesiástica. Natural de Roma, João II é lembrado por sua moderação e compromisso com a unidade da Igreja.

Papa João II

HABEMUS NOMEN

A decisão de Papa João II (533–535) de mudar seu nome ao ser eleito é um marco histórico na Igreja Católica. Nascido Mercúrio, ele adotou o nome de João II ao ser consagrado papa devido ao desejo de se distanciar de qualquer associação com o deus romano Mercúrio, que era considerado um símbolo pagão. Essa mudança de nome, feita para reforçar sua autoridade cristã e evitar conexões com o paganismo, não apenas evitou a identificação com divindades romanas, mas também representou um gesto de renovação espiritual. Embora a Igreja de Roma já tivesse conhecido papas com nomes semelhantes aos de figuras pagãs, foi João II o primeiro a adotar oficialmente uma mudança de nome, estabelecendo, sem intenção direta, a tradição que se consolidaria com os papas subsequentes. Essa prática perdura até hoje, com os papas escolhendo frequentemente nomes novos ao assumir o pontificado, como forma de simbolizar o início de sua nova missão e identidade no serviço à Igreja.

57º • SANTO AGAPITO I | 535–536

Durante seu breve pontificado, realizou uma importante missão diplomática a Constantinopla com o objetivo de impedir a guerra entre godos e bizantinos, mas morreu durante a missão, sem ver o sucesso de seus esforços. Natural de Roma, Agapito I também se destacou pela defesa da ortodoxia cristã, especialmente no combate às tendências monofisitas que estavam se espalhando, buscando preservar a doutrina oficial da Igreja.

58º • SÃO SILVÉRIO | 536–537

Eleito com o apoio do governo ostrogodo, teve seu pontificado interrompido quando foi deposto sob a pressão da imperatriz bizantina Teodora. Silvério foi substituído por Vigílio, que foi apoiado por Constantinopla, e exilado para Cafarnaum, onde morreu em sofrimento, sem poder retornar a Roma. Seu exílio e morte o tornaram um mártir da autoridade papal, sendo lembrado como um exemplo de resistência ao controle externo sobre a Igreja.

IDADE MÉDIA (SÉCULOS VI – XV)

59º • VIGÍLIO | 537–555

Seu pontificado foi marcado por intensas controvérsias, especialmente em torno da questão dos Três Capítulos, que envolvia questões doutrinárias complexas sobre a natureza de Cristo. Natural de Roma, Vigílio foi eleito após a deposição de Silvério, e sua liderança foi marcada pela pressão de Constantinopla, que buscava influenciar as decisões da Igreja. Embora inicialmente tenha se oposto à condenação dos Três Capítulos, posteriormente cedeu, gerando divisões internas. Seu pontificado também enfrentou dificuldades políticas, sendo mantido sob forte controle bizantino até o fim de sua vida.

Papa Vigílio

A QUESTÃO DOS TRÊS CAPÍTULOS

Foi uma controvérsia teológica significativa no século VI, envolvendo questões sobre a natureza de Cristo e os escritos de três teólogos cujas obras foram consideradas heréticas por muitos. O nome "Três Capítulos" refere-se aos escritos de Teodoro de Mopsuéstia, Teodoreto de Ciro e Ibas de Edessa, que foram acusados de defender ideias que contradiziam a doutrina cristológica do Concílio de Calcedônia (451), que afirmava a união das duas naturezas de Cristo — divina e humana. O debate central envolvia a acusação de que esses teólogos ensinavam que Cristo era composto de duas pessoas distintas, o que era visto como uma negação da união hipostática de Cristo. A questão tornou-se ainda mais complexa quando o imperador bizantino

Justino I pressionou a Igreja para condenar esses teólogos, buscando uma reconciliação com as Igrejas orientais.

O conflito atingiu o ápice no Concílio de Constantinopla II, em 553, quando o Papa Vigílio, inicialmente contrário à condenação dos Três Capítulos, cedeu à pressão do imperador e aceitou a condenação das obras. Isso gerou um grande cisma dentro da Igreja, especialmente no Ocidente, onde muitos bispos e fiéis resistiram à decisão, enquanto o Oriente, mais alinhado com Constantinopla, viu a medida como uma vitória. A controvérsia não apenas afetou as relações teológicas entre o Oriente e o Ocidente, mas também colocou em xeque a autoridade papal, uma vez que a pressão política imperial teve um papel significativo na mudança de posição do papa, que estava tradicionalmente à frente das questões doutrinárias da Igreja.

60º • PELÁGIO I | 556–561

Eleito com o apoio do imperador bizantino Justiniano, Pelágio I enfrentou resistência interna em Roma, principalmente por ter aceitado as decisões imperiais sobre os Três Capítulos, uma questão teológica que gerou divisão entre o Oriente e o Ocidente. Seu pontificado foi marcado pela reconstrução de Roma, que havia sido devastada durante as guerras góticas, e pela afirmação da autoridade papal em um contexto de fragilidade política e social. Natural de Roma, Pelágio trabalhou para restaurar tanto a cidade quanto a unidade da Igreja, em meio a pressões internas e externas.

Papa Pelágio I

61º • JOÃO III | CATALINO | 561–574

Durante seu papado, confrontou as tensões entre o Oriente e o Ocidente,

IDADE MÉDIA (SÉCULOS VI – XV)

Papa João III

principalmente em relação à política bizantina e à crescente influência do império nas questões eclesiásticas. Enfrentou também as dificuldades trazidas pelas invasões lombardas, que afetaram diretamente a estabilidade de Roma. Natural de Roma, João III dedicou-se a restaurar as estruturas eclesiásticas e manteve correspondência com as Igrejas do Oriente para tentar suavizar as divisões teológicas e políticas. Sua liderança foi fundamental para a preservação da autoridade papal em tempos difíceis.

62º • BENTO I | 575–579

Seu pontificado foi curto, mas significativo em um período de crescente pressão política e militar, especialmente das invasões lombardas. Nascido em Roma, Bento I procurou manter a unidade da Igreja, enfrentando a ameaça de divisões internas e externas. Seu papado também é lembrado por seu esforço em fortalecer as estruturas da Igreja no Ocidente, e ele teve um papel importante na restauração de ordens eclesiásticas após os conflitos da época.

63º • PELÁGIO II | 579–590

Seu pontificado foi marcado pela pressão crescente dos lombardos sobre a Itália central, o que exigiu habilidades diplomáticas e administrativas consideráveis. Natural de Roma, Pelágio II enfrentou uma nova onda de peste que assolou a cidade, da qual acabou morrendo vítima. Durante seu pontificado, nomeou São Gregório I como diácono, reconhecendo seu talento e preparando o futuro Papa Gregório I para uma liderança decisiva na Igreja. Seu papado também é lembrado pela resposta à epidemia e pelos esforços para manter a estabilidade política e eclesiástica em tempos de crise.

64º • SÃO GREGÓRIO I (O MAGNO) | 590–604

O PAPA QUE EVANGELIZOU A EUROPA E ORGANIZOU A IGREJA PARA A IDADE MÉDIA

Gregório I, mais conhecido como Gregório Magno, foi papa de 590 a 604, e é considerado um dos mais importantes pontífices da história. Nascido em Roma por volta de 540, em uma família patrícia cristã, renunciou a uma promissora carreira administrativa no governo imperial para tornar-se monge beneditino. Sua profunda espiritualidade e visão de

Papa Gregório Magno com o Espírito Santo

IDADE MÉDIA (SÉCULOS VI – XV)

governo o tornaram uma ponte entre o mundo antigo e o novo mundo medieval que se formava.

Ele assumiu o papado em um momento caótico: Roma havia sido devastada pelas guerras góticas, a administração civil era frágil, e a população sofria com a fome, a peste e a ameaça dos lombardos. Gregório reorganizou os recursos da Igreja para atuar como líder temporal da cidade, distribuindo alimentos, negociando com invasores e administrando com justiça os vastos bens patrimoniais da Sé romana, conhecidos como "patrimônio de São Pedro".

Mas seu legado vai além da administração. Gregório foi um reformador litúrgico e missionário incansável. É atribuído a ele o impulso ao Cantochão, que mais tarde deu origem ao Canto Gregoriano. Sua obra *Regra Pastoral* tornou-se o manual definitivo para bispos e clérigos durante séculos. Ele também reorganizou a liturgia e fortaleceu a identidade monástica, moldando a espiritualidade do Ocidente cristão.

Uma de suas maiores iniciativas foi a missão para converter os anglos e saxões da Inglaterra ao cristianismo. Enviou o monge Agostinho de Cantuária e outros missionários para evangelizar a ilha, iniciando um movimento que influenciou toda a cristandade europeia. Esse gesto faz de Gregório o papa da evangelização das nações bárbaras, preparando o terreno para o futuro cristianismo medieval.

Gregório Magno também desenvolveu uma forte doutrina sobre o purgatório, a intercessão dos santos e o papel do papa como "servo dos servos de Deus" — título que usou pela primeira vez. Seu pontificado é visto como o marco de transição entre a Igreja da Antiguidade e a Idade Média. Canonizado e proclamado Doutor da Igreja, sua memória é celebrada em 3 de setembro.

65º • SABINIANO | 604–606

Sucessor de São Gregório I, seu pontificado foi mais focado na administração e na organização interna da Igreja do que em questões espirituais ou teológicas. Sabiniano

Papa Sabiniano

procurou restabelecer práticas burocráticas romanas, ajustando a estrutura da Igreja para lidar com uma época de escassez e dificuldades econômicas, o que lhe causou conflitos com o povo devido a medidas impopulares. Seu papado foi breve, e sua atuação ficou mais marcada pela busca por estabilidade administrativa do que por reformas litúrgicas ou espirituais.

66º • BONIFÁCIO III | 607

Seu pontificado foi extremamente breve, durando apenas poucos meses, mas é historicamente significativo por ser o primeiro papa a ser reconhecido como "Pontífice Máximo" pelo imperador bizantino. Essa declaração oficializou o papel do papa como autoridade espiritual suprema da cristandade. Bonifácio III teve um papel importante na transição de poder entre os impérios romano e bizantino, embora sua atuação tenha sido limitada devido ao curto tempo de governo.

67º • SÃO BONIFÁCIO IV | 608-615

Bonifácio IV é lembrado principalmente por sua transformação do Panteão de Roma em uma igreja cristã, dedicando-a à Santa Maria dos Mártires, o que representou uma significativa conquista para a Igreja, simbolizando o triunfo do cristianismo sobre as antigas práticas pagãs. Seu pontificado também foi marcado por uma forte defesa da autoridade papal, e ele trabalhou para manter o apoio dos governantes bizantinos, especialmente na preservação das propriedades eclesiásticas. Bonifácio IV também procurou consolidar a disciplina dentro da Igreja, enfrentando desafios internos de clero e fiéis.

IDADE MÉDIA (SÉCULOS VI – XV)

O PANTEÃO DE ROMA

Um dos monumentos mais emblemáticos da Roma Antiga, originalmente construído como um templo dedicado a todos os deuses do panteão romano, sua construção inicial foi ordenada por Marco Agripa, durante o reinado de Augusto, mas o edifício atual foi concluído em 126 d.C. pelo imperador Adriano, após a destruição do templo original por um incêndio. A principal característica do Panteão é sua impressionante cúpula, que, com 43,3 metros de diâmetro, continua sendo a maior cúpula de concreto não armado do mundo. Seu óculo central, que permite a entrada de luz natural, simboliza a conexão direta entre o homem e os deuses, criando uma atmosfera única de reverência e transcendência.

Em 609, o Papa Bonifácio IV transformou o Panteão em uma igreja cristã, a Igreja de Santa Maria dos Mártires, o que ajudou a preservar o edifício ao longo dos séculos, enquanto muitos outros templos pagãos foram destruídos ou adaptados. A conversão do Panteão para o cristianismo não

Vista do Panteão, por Veronica Maria Herwegen-Manini (c. 1933)

representou apenas a vitória do cristianismo sobre as antigas religiões romanas, mas também a integração do patrimônio romano à Igreja. Além de sua importância histórica e arquitetônica, o Panteão abriga os túmulos de várias figuras notáveis, como o imperador romano Adriano e o pintor Rafael, tornando-se um local de grande significado religioso e cultural até os dias atuais.

68º • São Deusdedit (Adeodato I) | 615–618

Natural de Roma, Deusdedit se destacou como um valoroso defensor do clero secular, buscando integrá-lo de forma mais digna e ativa à vida da Igreja, que na época era tradicionalmente dominada pelos monges. Durante seu pontificado, ele também foi pioneiro no uso de selos papais em documentos, uma prática que se consolidaria ao longo dos séculos como símbolo da autoridade papal. Sua contribuição para a organização eclesiástica foi fundamental, ajudando a fortalecer a estrutura institucional da Igreja durante um período de grandes desafios políticos e sociais.

OS SELOS PAPAIS

Os selos papais são uma das ferramentas mais antigas e importantes para a autenticação de documentos na Igreja Católica. Introduzidos por Papa Deusdedit (Adeodato I) no século VII, esses selos simbolizam a autoridade do papa e garantem a legitimidade dos atos eclesiásticos. Originalmente, os selos papais eram feitos de cera ou metal e estampados com imagens de Cristo, da Virgem Maria ou dos apóstolos, além de inscreverem o nome do papa e a data de sua emissão. Ao longo dos séculos, o selo papal evoluiu para um sinal de confiança e autoridade, sendo utilizado para documentos e bulas papais, e continua a ser um símbolo da soberania do papado até os dias de hoje.

69º • BONIFÁCIO V | 619–625

Natural de Roma, Bonifácio V foi um pontífice que se destacou principalmente pela sua contribuição para a reforma eclesiástica, especialmente no que diz respeito à disciplina e à proteção do clero secular. Durante seu papado, procurou restaurar a dignidade do clero secular, muitas vezes em contraste com a crescente influência dos monges. Ele também é lembrado por sua atuação em proteger os bens da Igreja, além de promover a preservação das tradições litúrgicas e administrativas romanas. Bonifácio V foi um papa que, embora breve em seu governo, teve um impacto duradouro na organização da Igreja na Roma medieval.

70º • HONÓRIO I | 625–638

Assumiu o papado em um período de grave controvérsia doutrinária, especialmente com relação ao monofisismo. Natural de Campânia, ele tentou conciliar as facções teológicas do Império Bizantino, mas sua posição moderada acabou sendo vista como um comprometimento com as heresias da época.

Papa Bonifácio V

Sua tentativa de equilibrar as disputas resultou em sua condenação póstuma como herege pelo Concílio de Constantinopla III em 680. Apesar disso, seu pontificado também foi marcado por esforços para restaurar a disciplina interna da Igreja e melhorar sua administração.

71º • SEVERINO | 640

Com pontificado de apenas um ano, Severino enfrentou uma situação de grande instabilidade em Roma, marcada pelas invasões lombardas, que dificultaram o controle da cidade e o fortalecimento da autoridade papal. Durante seu breve papado, ele se dedicou à proteção dos bens da Igreja e ao fortalecimento da unidade eclesiástica. Sua morte prematura, possivelmente causada por pressões externas e internas, fez seu pontificado ser interrompido antes que ele pudesse realizar reformas mais profundas.

72º • João IV | 640-642

João IV teve um pontificado breve, mas significativo, em um período de grandes tensões teológicas e políticas. Ele se destacou por sua defesa da ortodoxia calcedônia, combatendo as heresias do monofisismo, e por fortalecer a relação entre Roma e Constantinopla. Sua liderança também foi importante na proteção das Igrejas orientais e na unificação teológica do Ocidente. Natural da Dalmácia, região costeira no leste da Península Balcânica (atual Croácia), João IV era de uma área conhecida por sua rica herança romana e influência no Mediterrâneo oriental, o que ajudou a moldar sua perspectiva diplomática e religiosa durante o pontificado.

73º • Teodoro I | 642-649

Teodoro I se destacou pela sua firme oposição ao monotelismo, uma heresia cristológica que afirmava que Cristo tinha apenas uma vontade divina. Ele condenou Paulo II de Constantinopla, patriarca que aderiu a essa doutrina, reafirmando a ortodoxia calcedônia. Além disso, trabalhou incansavelmente para defender a autoridade papal em face de pressões internas e externas. Natural de Jerusalém, Teodoro I foi um papa que procurou manter a unidade da Igreja, consolidando a ortodoxia na época de grandes divisões doutrinárias.

Papa Teodoro I

74º • SÃO MARTINHO I | 649-655

Martinho I teve um pontificado que ficou marcado por sua firme oposição ao monotelismo, que ainda dividia a Igreja, e sua defesa da ortodoxia cristológica. Ele foi o último papa a ser martirizado: após ser preso e exilado pelo imperador bizantino Constante II, morreu em circunstâncias precárias. Natural de Todi, na Umbria, Martinho I é lembrado por sua coragem em sustentar a doutrina calcedônia, mesmo sob forte pressão do Império Bizantino, e por sua intransigente defesa da autonomia papal.

O ÚLTIMO MÁRTIR PAPAL

Papa Martinho I foi o último papa a ser martirizado, um fato que marcou profundamente a história da Igreja. Seu pontificado, de 649 a 655, ocorreu em um período de forte tensão doutrinária, particularmente em relação ao monotelismo, a heresia que afirmava que Cristo possuía apenas uma vontade divina. Martinho I se opôs firmemente a essa doutrina, sustentando a ortodoxia calcedônia. Convocou um concílio em Latrão e condenou permanentemente a heresia monotelista. Foi também o primeiro papa a celebrar a festa da Virgem Imaculada e a fazer-se papa sem a presença ou aprovação de um imperador. Essas firmes e independentes atitudes o levaram a ser preso em Constantinopla pelo imperador bizantino Constante II.

O Papa Martinho I, por Carlo Laurenti

Idoso e doente, São Martinho foi julgado por traição ao imperador e torturado barbaramente, tendo seu corpo despido de todas as vestes e seu braço acorrentado, para depois ser levado às ruas e humilhado por uma população hostil à Igreja do ocidente. Agonizante, nunca abjurou de ter condenado o monotelismo. Seu martírio não apenas o tornou um símbolo de resistência à interferência imperial, mas também reforçou a autoridade papal, tornando-o um dos papas mais venerados da história da Igreja.

75º • SANTO EUGÊNIO I | 654–657

Eleito durante o exílio de Papa Martinho I, Eugênio adotou uma abordagem mais diplomática em relação ao Império Bizantino, evitando confrontos diretos sobre questões doutrinárias, mas mantendo a ortodoxia calcedônia. Sua liderança foi mais focada em preservar a unidade da Igreja sem gerar tensões políticas adicionais com o imperador Constante II, que ainda perseguia os opositores ao monotelismo. Natural de Roma, Eugênio procurou conduzir a Igreja com prudência, equilibrando a defesa da fé com as necessidades diplomáticas do momento.

76º • SÃO VITALIANO | 657–672

Durante seu pontificado, Vitaliano foi fundamental para restabelecer as boas relações com Constantinopla, contribuindo para uma trégua nas intensas tensões teológicas entre o Oriente e o Ocidente, especialmente em relação ao monotelismo. Sua liderança foi marcada pela promoção da liturgia romana, que ajudou a fortalecer a influência religiosa de Roma no mundo cristão. Natural de Segni, na região do Lácio, Vitaliano é lembrado por sua habilidade diplomática, sendo um papa conciliador que procurou equilibrar os interesses eclesiásticos com as necessidades políticas do Império Bizantino.

77º • ADEODATO II | 672–676

Adeodato II governou durante um período de relativa paz para a Igreja, focando principalmente na reforma da vida monástica. Ele procurou restabelecer a disciplina dentro dos mosteiros e incentivou uma maior unificação nas práticas litúrgicas em toda a cristandade ocidental. Natural de Roma, Adeodato II procurou não apenas consolidar a autoridade papal, mas também fortalecer as bases espirituais da Igreja em tempos de estabilidade interna, ao mesmo tempo que enfrentava as ameaças externas dos lombardos e de outros invasores.

78º • DONO | 676–678

Seu pontificado foi breve e sem grandes conflitos. É lembrado por manter a paz interna da Igreja e a continuidade das relações com o Oriente em tempos de relativa estabilidade.

79º • SANTO AGATÃO | 678–681

Seu pontificado foi marcado pela participação no Terceiro Concílio de Constantinopla, em que desempenhou papel crucial na defesa da ortodoxia calcedônia e na condenação do monotelismo, heresia que ainda dividia a Igreja. Ele também procurou reforçar a autoridade papal diante das pressões externas, especialmente dos impérios Bizantino e Lombardo. Natural da Sicília, Agatão é lembrado por sua diplomacia eficaz

e habilidade em manter a unidade da Igreja, consolidando a fé no Ocidente.

80º • SÃO LEÃO II | 682–683

Leão II foi um papa que se destacou por sua defesa da ortodoxia cristã, especialmente pela confirmação da condenação de Honório I durante o Terceiro Concílio de Constantinopla, que o declarou herege por suas tentativas de reconciliar a Igreja com o monotelismo. Seu pontificado foi breve, mas significativo, pois reafirmou a doutrina calcedônia e a unidade dogmática da Igreja. Natural de Roma, Leão II é lembrado por sua firmeza em questões teológicas e pela manutenção da integridade doutrinária da Igreja em tempos de grande crise.

81º • SÃO BENTO II | 684–685

Natural de Roma, Bento II teve um pontificado focado na reconstrução e estabilização da Igreja. Durante seu breve governo, estabeleceu um importante acordo com o imperador para agilizar a confirmação das eleições papais, o que fortaleceu a autonomia papal. Ele também

Invasão dos lombardos a Roma

incentivou a restauração de igrejas, além de promover ações de caridade voltadas para os pobres e para o clero local, buscando unir a Igreja em um momento de desafios internos e externos.

82º • JOÃO V | 685–686

Natural da Síria, João V teve um pontificado marcado pela paz e caridade, com foco na promoção do diálogo com Constantinopla e na redução de tensões políticas. Durante seu breve governo, ele também aliviou a carga tributária sobre a Igreja em Roma, facilitando a administração eclesiástica e garantindo mais recursos para a ação caritativa. Seu papado, que durou pouco tempo, foi caracterizado pela moderada liderança e pelo zelo pastoral. Faleceu logo após um curto período no cargo.

83º • CÓNON | 686–687

Natural da Trácia, Cónon era filho de um soldado e foi educado na Sicília. Consagrado bispo em Roma, Cônon foi eleito por consenso entre o clero e o povo, o que proporcionou a necessária estabilidade após os conflitos que marcaram os pontificados anteriores. Ele se destacou por sua atuação pastoral que apoiou as missões do missionário irlandês Kilian, no Norte da Baviera. Sua liderança foi bem recebida e sua atuação ajudou a restaurar a confiança na Igreja durante um período turbulento.

84º • SÃO SÉRGIO I | 687–701

Ocupando o trono papal após um período de eleições conturbadas, Sérgio I foi fundamental na resistência às imposições imperiais que buscavam forçar a aceitação dos concílios orientais. Durante seu pontificado, ele fortaleceu as práticas litúrgicas ocidentais, sendo responsável pela introdução do famoso canto *Agnus Dei* na liturgia, celebrado desde o primeiro século pelos cristãos. Sua liderança ajudou a reafirmar a autonomia do papado e consolidou as bases litúrgicas que seriam fundamentais para o futuro da Igreja. Natural da Síria, Sérgio I teve uma influência duradoura na preservação da tradição litúrgica romana.

Agnus Dei

Agnus Dei, qui tollis peccata mundi, miserere nobis.

Agnus Dei, qui tollis peccata mundi, miserere nobis.

Agnus Dei, qui tollis peccata mundi, dona nobis pacem.

Cordeiro de Deus

Cordeiro de Deus, que tirais os pecados do mundo, tende piedade de nós.

Cordeiro de Deus, que tirais os pecados do mundo, tende piedade de nós.

Cordeiro de Deus, que tirais os pecados do mundo, dai-nos a paz.

85º • JOÃO VI | 701–705

Durante seu papado, João VI foi fundamental na defesa de Roma contra os ataques dos lombardos, que representavam uma ameaça constante à cidade. Além disso, mediou conflitos entre o exarca imperial e as autoridades locais, buscando preservar a estabilidade política e a independência papal em um período de grande instabilidade. Natural da Grécia, João VI também demonstrou grande coragem ao enfrentar o imperador Tibério III, que tentou prendê-lo. Combateu os lombardos e pacificou a Igreja na Inglaterra.

86º • JOÃO VII | 705–707

Natural da Grécia, João VII teve um pontificado breve, mas significativo, marcado por sua atenção à arte cristã e à decoração das igrejas. Ele é especialmente lembrado por renovar a arte cristã em Roma, com a construção de várias igrejas e a promoção de uma maior integração das práticas litúrgicas. João VII também se destacou por sua habilidade diplomática, especialmente em seu esforço para preservar a unidade com o Império Bizantino. Seu papado é visto como uma época de renovação espiritual e cultural para a Igreja romana.

87º • SISÍNIO | 708

Natural da Síria, Sisínio teve um pontificado extremamente breve, durando apenas 20 dias, o mais curto da história papal, tendo sido eleito já idoso e doente. Embora sua liderança tenha sido curta, ele é lembrado por sua tentativa de restaurar a ordem e disciplina na Igreja. Sua morte prematura deixou poucas marcas administrativas, mas seu nome é associado à transição entre papados turbulentos na Roma do século VIII. Sisínio teve um papel importante na restauração das muralhas de Roma e na criação e consagração do bispado da Córsega.

88º • CONSTANTINO | 708–715

Natural da Síria, Constantino foi papa durante um período de instabilidade política e eclesiástica. Seu pontificado ficou marcado pela restauração da autoridade papal em Roma e pelo seu trabalho diplomático para fortalecer os laços com o Império Bizantino. Constantino também visitou Constantinopla, sendo o último papa a realizar essa viagem, o que refletiu a tentativa de manter a unidade entre Roma e o Império Oriental. Sua liderança ajudou a consolidar a Igreja Romana após o declínio do poder político local.

89º • SÃO GREGÓRIO II | 715–731

Natural de Roma, Gregório II é lembrado por sua resistência à iconoclastia, uma heresia imperial que visava destruir imagens religiosas no Império Bizantino. Durante seu pontificado, ele se opôs veementemente ao imperador Leão III, que tentou impor a proibição do culto às imagens, defendendo a veneração de ícones e imagens como parte essencial da fé cristã. Gregório II também teve um papel significativo na expansão missionária, enviando missionários para a Germânia, o que ajudou a fortalecer a presença cristã na Europa central.

90º • SÃO GREGÓRIO III | 731–741

Foi o último papa de origem síria e desempenhou um papel fundamental na defesa da ortodoxia cristã durante o período da iconoclastia. Ele fortaleceu o culto e a veneração aos santos, o que ajudou a consolidar práticas litúrgicas importantes na Igreja. Além disso, seu papado foi marcado pela aproximação política com os francos, preparando o caminho para a aliança entre a Igreja e os carolíngios, uma parceria que teria um impacto duradouro na história do papado e da cristandade ocidental.

Gregório III também promoveu a evangelização das regiões germânicas e eslavas, expandindo a influência cristã para além das fronteiras do Império Romano.

91º • SÃO ZACARIAS | 741–752

Natural da Calábria, Zacarias foi um papa que desempenhou um papel crucial na transição do poder papal para a aliança com os carolíngios. Ele é mais lembrado por sua mediadora intervenção entre os lombardos e os francos, que levou ao fortalecimento das relações entre o papado e o Império Franco. Zacarias também teve papel fundamental na eleição de Pepino, o Breve, como rei da França, e seu apoio ajudou a estabelecer uma aliança crucial para a futura formação do Império Carolíngio. Sua liderança é associada à expansão da autoridade papal e ao fortalecimento da soberania espiritual da Igreja em uma época de grandes mudanças políticas.

92º • ESTÊVÃO II | 752-757

O PAPA QUE FUNDOU OS ESTADOS PAPAIS E SELOU A ALIANÇA COM OS REIS FRANCOS

Estêvão II assumiu o papado em 752, em um momento em que a autoridade bizantina sobre Roma estava enfraquecida e os lombardos ameaçavam dominar a Itália. Embora tecnicamente tenha havido um Estêvão anterior eleito poucos dias antes, este foi morto antes da consagração, e Estêvão II figura na história como o papa que marcou o início do poder temporal da Igreja, ao negociar diretamente com reis e redefinir o papel do papa como ator político no cenário europeu.

Papa Estêvão II

IDADE MÉDIA (SÉCULOS VI – XV)

Com Roma sob constante ameaça lombarda, Estêvão II rompeu com a tradição de lealdade ao imperador bizantino e buscou apoio no Reino Franco, liderado por Pepino, o Breve. Viajou pessoalmente até a Gália — um gesto inédito para um papa — e coroou Pepino como rei, conferindo-lhe legitimidade sagrada. Em troca, o rei prometeu proteger os territórios da Igreja e, após vitória militar contra os lombardos, doou à Sé de Roma terras que dariam origem aos Estados Papais, conhecidos como a *Doação de Pepino*.

Esse acordo transformou radicalmente a geopolítica da Europa ocidental. Pela primeira vez, o papa não era apenas um líder espiritual, mas também um governante territorial soberano. Essa aliança selou o vínculo duradouro entre o papado e os francos, que culminaria décadas depois na coroação de Carlos Magno por Leão III, e sustentaria o papado como força política ao longo de toda a Idade Média.

Estêvão também foi um papa ativo em questões religiosas: restaurou igrejas, promoveu o culto aos santos e buscou reafirmar a autoridade romana sobre outras sedes episcopais. Sua liderança firme num período de transição institucional fortaleceu o papado em um momento de fragmentação imperial e instabilidade militar.

Morto em 757, Estêvão II deixou um legado que perduraria por mais de mil anos: os Estados Papais permaneceriam sob domínio da Igreja até 1870. Sua figura marca o início de um novo capítulo na história do papado — não mais apenas pastor de almas, mas também senhor de terras.

93º • PAULO I | 757–767

Durante seu pontificado, Paulo I deu continuidade ao trabalho de consolidação dos Estados Pontifícios, fortalecendo a autoridade temporal do papado sobre os territórios centrais da Itália. Ele também manteve relações diplomáticas com Carlos Magno e com o Império Bizantino, buscando equilibrar os interesses políticos do Ocidente e do Oriente. Seu papado foi marcado pela defesa da soberania papal e pela expansão da influência da Igreja, tanto espiritual quanto politicamente. Natural de Roma, Paulo I ajudou a solidificar o papel do papado como uma força política crescente na Europa medieval.

94º • ESTÊVÃO III | 768–772

Após um período de violência e usurpação, Estêvão III foi eleito papa e teve como uma das principais ações a condenação dos antipapas, restaurando a autoridade legítima da Sé de Pedro. Durante seu pontificado, ele buscou defender o prestígio da Igreja Romana em meio a disputas internas e fortalecer os laços com os francos, reafirmando o vínculo entre o papado e o Império Franco. Sua liderança foi marcada pela restauração da ordem e da unidade eclesiástica, permitindo à Igreja recuperar seu poder e influência. Natural da Sicília, Estêvão III foi importante para consolidar a autoridade papal no Ocidente.

95º • ADRIANO I | 772–795

Adriano I foi um papa que se destacou por sua forte aliança com o imperador Carlos Magno e por seu papel no fortalecimento dos Estados Pontifícios. Ele foi responsável por organizar a defesa de Roma contra ataques e disputas externas, especialmente em relação aos lombardos. Durante seu pontificado, Adriano também se destacou por promover reformas litúrgicas e pela expansão da influência papal, consolidando a relação entre a Igreja e o Império Franco. Natural de Roma, sua liderança ajudou a solidificar a autoridade papal na Europa e a fortalecer o papel do papado no cenário político e religioso medieval.

Papa Adriano I

96º • SÃO LEÃO III | 795–816

O PAPA QUE COROOU CARLOS MAGNO E INAUGUROU A ERA DO SACRO IMPÉRIO

Leão III foi eleito papa em 795, sucedendo Adriano I, e seu pontificado se estendeu até 816. Embora não fosse membro da aristocracia romana, assumiu a Cátedra de Pedro em um momento delicado, cercado por intrigas locais e pela necessidade de reafirmar a autoridade papal em meio a disputas políticas. Sua eleição marcou o início de uma das mais importantes alianças políticas da história ocidental: entre o papado e os reis francos.

Em 799, Leão III sofreu uma tentativa de assassinato por parte de nobres romanos que o acusavam de traição e má conduta. Ele conseguiu escapar e refugiou-se junto ao rei Carlos, o Grande (Carlos Magno). Ao invés de recorrer ao imperador bizantino, Leão buscou apoio no poder emergente da

Imperador Carlos Magno, por Albrecht Dürer (c. 1513)

Gália — um movimento que evidenciava a crescente ruptura entre Oriente e Ocidente.

No dia de Natal do ano 800, durante a missa na Basílica de São Pedro, Leão III realizou um ato histórico: coroou Carlos Magno como "Imperador dos Romanos", restaurando simbolicamente o Império Romano do Ocidente. Esse gesto fundou o que viria a ser conhecido como o Sacro Império Romano-Germânico, e estabeleceu a noção de que a autoridade imperial precisava da legitimação espiritual do papa. A partir dali, o pontífice se firmava não apenas como chefe da Igreja, mas também como o árbitro moral dos reinos cristãos.

Essa cerimônia teve profundas consequências: reforçou o poder papal, afastou definitivamente Roma de Constantinopla e institucionalizou a relação entre trono e altar, que perduraria por séculos. Leão III ainda promoveu reformas litúrgicas e consolidou a liturgia latina, além de reafirmar o *Filioque* no Credo — um dos pontos de tensão com a Igreja do Oriente.

Leão III morreu em 816, após um pontificado de mais de duas décadas. Embora sua figura tenha sido inicialmente contestada, entrou para a história como o papa que restaurou a dignidade imperial no Ocidente e moldou a ideia de uma cristandade unificada sob dois poderes: o espiritual (representado pelo papa) e o temporal (representado pelo imperador cristão).

97º • ESTÊVÃO IV | 816–817

Durante seu breve pontificado, Estêvão IV foi responsável pela coroação de Luís, o Piedoso, filho de Carlos Magno, como imperador. Esse gesto reforçou o vínculo entre o papado e o Império Carolíngio, garantindo a continuidade da aliança política e religiosa iniciada pelos papas anteriores, Adriano I e Leão III. Apesar de seu pontificado curto, ele desempenhou um papel importante em manter a unidade e a estabilidade do Império Carolíngio e da Igreja, consolidando a autoridade papal dentro de um contexto político europeu em transformação. Natural de Roma,

Estêvão IV também se destacou por sua habilidade diplomática.

98º • São Pascoal I | 817–824

Natural de Roma, Pascoal I se destacou pela defesa das relíquias eclesiásticas, sendo responsável por trasladar muitas relíquias para Roma, incluindo as de São Pedro e São Paulo, o que ajudou a reforçar o prestígio espiritual de Roma. Durante seu pontificado, ele também resistiu à pressão de Luís, o Piedoso, para controlar a Igreja e manteve a independência papal. Pascoal I foi um papa que procurou garantir o prestígio e a autoridade da Igreja romana, consolidando a unidade litúrgica e religiosa em tempos de desafios internos e externos.

99º • Eugênio II | 824–827

Natural de Roma, Eugênio II teve seu papado marcado pela defesa da ortodoxia em um período de crescentes tensões com o Império Bizantino. Ele procurou fortalecer a autoridade papal, sendo um firme defensor da independência da Igreja de Roma frente às influências externas. Durante seu papado, Eugênio II também organizou e coordenou reformas litúrgicas e teve um papel importante em garantir a estabilidade eclesiástica em tempos de conflitos e divisões internas. Sua atuação diplomática e pastoral o fez ser lembrado como um papa dedicado à unidade da Igreja.

100º • Valentino | 827

Seu pontificado durou apenas algumas semanas. Pouco se sabe sobre suas ações como papa, mas sua eleição foi aceita pacificamente, evidenciando um raro momento de estabilidade política.

101º • Gregório IV | 827–844

Gregório IV foi eleito papa em Roma em um período de tensões políticas e religiosas, durante o qual buscou fortalecer as relações da Igreja com o Império Carolíngio, especialmente com o imperador Luís, o Piedoso. Defendeu o culto aos santos em um momento de crescente oposição à veneração de ícones. Além disso, promoveu reformas litúrgicas e administrativas que ajudaram a consolidar a autoridade papal e a organização da Igreja.

102º • SÉRGIO II | 844–847

Nascido em Roma, Sérgio II assumiu o papado em um período de grande instabilidade política, com tensões internas e externas ameaçando a autoridade da Igreja. Durante seu pontificado, ele procurou restaurar a ordem e a paz dentro da Igreja, enfrentando os desafios impostos pelas invasões sarracenas e pelos conflitos com as facções locais. Sérgio II também se destacou pela defesa da ortodoxia e da unidade eclesiástica, além de fortalecer a posição papal frente às pressões políticas.

Sarracenos, por Bernardo de Breidenbach (1486)

OS SARRACENOS

Os sarracenos, um termo medieval usado para descrever os povos muçulmanos, tiveram um impacto significativo na história da Europa Medieval. Entre os séculos VII e XV, eles expandiram seus domínios, particularmente após a conquista muçulmana da Península Arábica, que levou à ocupação de grandes áreas do Oriente e à invasão do Mediterrâneo Ocidental. Durante esse período, os sarracenos estabeleceram sua presença na Península Ibérica e no sul da Itália, especialmente na Sicília. A expansão muçulmana, embora extremamente danosa e cruel para a cultura Ocidental e Cristã, trouxe avanços em áreas como ciência, medicina, matemática e filosofia, que mais tarde influenciaram a Europa. Essas contribuições foram absorvidas pelos cristãos através do contato durante as Cruzadas, resultando em uma troca cultural e intelectual significativa entre as duas civilizações.

Nos séculos VIII e IX, os sarracenos foram uma constante ameaça militar à Europa Cristã, com suas invasões no sul da Itália e na Península Ibérica. Eles atacaram Roma em 846 e continuaram a expandir seu domínio até que, com o avanço das Cruzadas e a resistência das cidades europeias, especialmente na Sicília e no norte da África, começaram a perder territórios para os cristãos. Essas batalhas marcaram não só uma resistência militar, mas também uma oposição religiosa, onde a luta entre cristãos e muçulmanos se tornou parte de uma grande guerra cultural e política. Embora os sarracenos tenham sido eventualmente derrotados, o legado da influência islâmica na cultura, arquitetura e ciência da Europa permanece visível até hoje.

103º • SÃO LEÃO IV | 847–855

Leão IV teve um papado marcado pelo fortalecimento das defesas de Roma contra as constantes ameaças de invasões, especialmente dos sarracenos. Ele é lembrado por construir a Muralha Leonina, uma fortificação que cercou o Vaticano, proporcionando mais segurança. Além disso, organizou uma liga naval para enfrentar os sarracenos no mar, buscando proteger as costas e os portos romanos. Durante seu pontificado, também promoveu a reconstrução das igrejas danificadas por ataques e restaurou a estabilidade da cidade após os desafios externos. Natural de Roma, Leão IV consolidou seu legado como um líder de forte ação defensiva e pastoral.

Muralha Leonina, fotografia por Krzysztof Golik (2018)

104º • BENTO III | 855–858

Estava em oração em sua igreja, quando o povo de Roma foi buscá-lo para ser Papa, embora Bento estivesse relutante. Apareceu depois o antipapa Anastácio III, já afastado por Leão IV, mas que voltava agora, apoiado pelo conde de Vubbio. Bento foi despojado de suas insígnias e maltratado, mas a população repudiou violentamente o ilegítimo Anastácio, que, vencido e preso, foi defendido pelo manso e humilde Bento. Benquisto nas cortes da França e da Inglaterra, até pelos gregos, defendeu com energia a validade do matrimónio. Seu governo simbolizou a resistência da Igreja romana às interferências políticas, defendendo a legitimidade canônica da Igreja contra as pressões externas. Embora tenha governado por pouco tempo, Bento III é lembrado por sua firmeza em manter a autonomia papal e por seu esforço em preservar a ordem e a disciplina eclesiástica. Natural de Roma, sua liderança refletiu a importância da unidade e independência papal durante uma época de grandes desafios internos e externos.

105° · SÃO NICOLAU I (SÃO NICOLAU MAGNO) | 858–867

O PAPA QUE ENFRENTOU REIS E PATRIARCAS PARA CONSOLIDAR A SUPREMACIA DE ROMA

Nicolau I, chamado "o Grande", foi papa de 858 a 867 e é lembrado como um dos mais importantes pontífices do século IX. Sua atuação firme diante de imperadores, reis e até do patriarca de Constantinopla marcou uma virada na afirmação da autoridade papal sobre toda a cristandade ocidental — e, em parte, a oriental.

Ao assumir o trono de Pedro, Nicolau encontrou uma Igreja cercada por interferência política e pressões seculares. Um de seus primeiros grandes confrontos foi com Lotário II, rei da Lotaríngia, que desejava abandonar sua esposa legítima para se casar com sua amante. O papa recusou-se a validar o divórcio, apesar da pressão de bispos regionais que já haviam aprovado a separação. Nicolau anulou os sínodos locais e reafirmou que o papa tinha autoridade final sobre todos os concílios e decisões canônicas.

Esse episódio foi decisivo para estabelecer a ideia de que o papa podia julgar reis e anular decisões episcopais, reforçando o conceito de uma Igreja universal centralizada em Roma. Mas seu enfrentamento mais famoso foi com o patriarca Fócio de Constantinopla, que havia tomado o cargo de modo irregular e promovido doutrinas divergentes. Nicolau excomungou Fócio e entrou em uma longa disputa com o Império Bizantino, consolidando o distanciamento entre Oriente e Ocidente.

Apesar dos conflitos, Nicolau era visto como um homem de oração e justiça. Defendeu os pobres, zelou pela moralidade do clero e buscou reformar a disciplina eclesiástica. Promoveu também as missões aos eslavos e

O interrogatório do Patriarca Fócio

apoiou os irmãos Cirilo e Metódio em sua evangelização, antecipando o que mais tarde seria chamado de "Igreja eslava".

Ao morrer, em 867, Nicolau I havia deixado um legado duradouro: a imagem do papa como árbitro supremo da fé e da moral. Canonizado pela Igreja, é um dos poucos pontífices da história a receber o título honorífico de "Magno" — reservado apenas àqueles cujo impacto transcendeu os limites do seu tempo.

106º • ADRIANO II | 867–872

Natural de Roma, Adriano II governou a Igreja em um período de grandes tensões com o patriarca Fócio de Constantinopla, o que agravou o distanciamento entre Roma e o Oriente. Embora tenha buscado proteger a autoridade papal diante das pressões do Império Bizantino, seu pontificado foi marcado por limitações políticas e dificuldades internas. Além disso, ele enfrentou tragédias pessoais marcantes, como o assassinato de sua esposa e filha, o que aprofundou as dificuldades durante seu governo. Sua liderança, apesar dos desafios, tentou reforçar a posição da Igreja romana em meio a um cenário de crescentes divisões entre o Oriente e o Ocidente.

107º • JOÃO VIII | 872–882

João VIII foi o primeiro papa da história a ser assassinado, um trágico evento que refletiu a crescente instabilidade política da época. Durante seu pontificado, ele se destacou como defensor do cristianismo no Oriente, especialmente ao tentar contenção do avanço dos sarracenos que ameaçavam o Império Bizantino e as terras cristãs. Além disso, trabalhou para fortalecer a aliança com os carolíngios, buscando garantir a segurança da Igreja. Sua morte violenta simbolizou o enfraquecimento do poder papal em um momento de grande crise interna e externa para a Igreja. Natural de Roma, sua liderança ficou marcada tanto pela coragem diplomática quanto pelas dificuldades enfrentadas no cenário político turbulento.

108º • MARINHO I | 882–884

Marinho I foi um teólogo respeitado, conhecido por sua defesa da moralidade clerical e por manter a ortodoxia doutrinária durante seu breve pontificado. Ele também condenou novamente o patriarca Fócio de Constantinopla, uma figura controversa na Igreja, e trabalhou para reforçar a disciplina entre os bispos.

Seu papado, apesar de curto, teve um impacto importante na unificação doutrinária e na restauração da ordem eclesiástica. Natural de Gallese, Marinho I procurou garantir a continuidade da fé e da administração da Igreja em um período de grande instabilidade.

109º • SANTO ADRIANO III | 884–885

Eleito em tempos de grande instabilidade política, Adriano III não chegou a ser coroado, o que refletiu as dificuldades que marcaram seu pontificado. Ele buscou apoiar politicamente o imperador Carlos III, mas morreu durante uma viagem para encontrá-lo, sem conseguir consolidar sua liderança. Apesar de seu curto papado, Adriano III foi canonizado posteriormente devido à sua dedicação à Igreja e aos esforços que fez para preservar a unidade e a autoridade papal em tempos de crise. Natural de Roma, sua morte prematura interrompeu suas intenções de fortalecer a Igreja, mas sua dedicação à fé cristã foi reconhecida posteriormente.

Papa Santo Adriano III

110º • ESTÊVÃO V | 885–891

Estêvão V assumiu o papado durante um período de grande escassez e fome em Roma, enfrentando desafios significativos para a Igreja e a cidade. Natural de Roma, ele se destacou por sua organização de ajuda aos pobres e por restaurar a ordem civil, buscando aliviar as dificuldades da população. Além disso, interveio nas nomeações episcopais e fortaleceu a autoridade papal na França, reforçando os laços da Igreja com as autoridades francas.

111º • FORMOSO | 891–896

Natural de Roma, Formoso assumiu o papado em um período conturbado, sendo lembrado principalmente pelo seu papel no Sínodo do Cadáver, um evento macabro, em que foi postumamente julgado. Formoso, quando bispo de Porto, teve problemas com o papa João VII, chegou a ser excomungado, depois perdoado, tornando-se Papa. Durante seu pontificado, Papa Formoso procurou fortalecer a autoridade papal e combater a simonia — a compra de cargos eclesiásticos. Seu papado também foi marcado por tensões políticas internas, incluindo disputas com facções locais e o imperador bizantino, mas ele manteve a unidade da Igreja até sua morte.

112º • BONIFÁCIO VI | 896

Com a morte do papa Formoso, em clima de tensão entre alemães, spoletanos e romanos, os partidários do duque Lamberto de Spoleto conseguiram eleger Bonifácio papa, em abril de 896. Sua nomeação foi considerada contra os critérios canônicos e proibida no sínodo de 898, por isso Bonifácio foi considerado postumamente antipapa e em seu julgamento póstumo, foi acusado de imoralidade e de apoiar o papa Formoso. Quinze dias depois de ser eleito, Bonifácio faleceu, vítima de gota. Sua eleição foi anulada posteriormente por não seguir os critérios canônicos.

113º · ESTÊVÃO VI | 896–897

Estêvão VI ficou conhecido por presidir o grotesco Sínodo do Cadáver, no qual o papa Formoso, já falecido, foi postumamente julgado. Esse evento gerou grande escândalo e desacreditou publicamente sua autoridade papal. O impacto do Sínodo foi tão negativo que Estêvão VI acabou sendo deposto e preso, morrendo na prisão em circunstâncias misteriosas. Seu pontificado, marcado pela brutalidade e pela instabilidade, teve um fim trágico, refletindo as tensões políticas e eclesiásticas da época. Oriundo da nobreza romana, sua ascensão ao papado foi influenciada pelas complexas dinâmicas de poder locais.

O SÍNODO DO CADÁVER

Um dos episódios mais grotescos e controversos da história papal aconteceu no final do século IX, sob a presidência do papa Estêvão VI, em 897. Durante este sínodo, o papa Formoso, que havia falecido há um ano, foi exumado e posto em julgamento, com seu cadáver sendo usado como uma espécie de "acusado" para ser julgado pelos crimes de perjúrio e violação das ordens eclesiásticas, acusações feitas pelos seus opositores. O corpo putrefato do papa Formoso foi sentado no trono papal com as vestes eclesiais e um diácono foi designado para representar sua "defesa" durante o julgamento.

Esse evento gerou um grande escândalo na Igreja e foi amplamente visto como um reflexo da instabilidade política de Roma na época, que estava sendo afetada pela luta pelo poder entre facções e pela influência do Império Bizantino. O Sínodo do Cadáver foi uma tentativa de descreditar o legado de Formoso e reafirmar o controle de Estêvão VI. No entanto, a ação teve o efeito oposto, pois gerou repulsa pública e desacreditou ainda mais o pontificado de Estêvão VI, que acabou deposto e morto na prisão.

Formoso e Estêvão, por Jean-Paul Laurens (1870)

Esse episódio também simbolizou o enfraquecimento da autoridade papal em um momento em que a Igreja ainda lutava para consolidar seu poder diante das pressões externas e internas.

114º • ROMANO | 897

Pontificado de poucos meses. Seu governo foi interrompido por disputas internas em Roma e ele foi rapidamente deposto. Pouco se sabe sobre suas ações no cargo.

115º • TEODORO II | 897-898

Originário de Roma, Teodoro II teve um papado de apenas vinte dias. Apesar de seu breve pontificado, ele reabilitou a memória de Formoso e anulou as decisões do Sínodo do Cadáver, um ato que foi amplamente visto como uma tentativa de restaurar a justiça e reconstruir a paz na Igreja após os eventos traumáticos de seu antecessor. Sua ação gerou respeito por sua coragem em enfrentar as tensões internas da Igreja, embora sua morte prematura tenha interrompido qualquer progresso adicional.

116º • João IX | 898–900

João IX ficou marcado por sua ação firme contra o Sínodo do Cadáver, anulando suas decisões e reafirmando a validade do pontificado de Formoso. Ele trabalhou pela reconciliação interna da Igreja, buscando restaurar a unidade e a paz entre os clérigos, e reforçou a proibição de julgamentos póstumos. Com o apoio dos carolíngios, João IX também se dedicou a manter a estabilidade eclesiástica durante um período de intensas divisões políticas e religiosas.

117º • Bento IV | 900–903

De origem romana, Bento IV teve um pontificado marcado por desafios políticos, especialmente devido à interferência da aristocracia romana e dos imperadores. Ele concedeu a coroa imperial a Luís III da Provença, fortalecendo o papel papal na legitimação do poder temporal e reafirmando a autoridade papal sobre os assuntos seculares. Seu governo também buscou preservar a independência da Igreja diante das pressões externas, especialmente em um contexto de disputas políticas e territoriais.

118º • Leão V | 903

Teve um pontificado muito breve e foi deposto por Cristóvão, o qual foi considerado posteriormente antipapa. Pouco se sabe sobre suas ações, e seu governo simboliza a instabilidade do período.

Papa Leão V

Antipapa Cristóvão | 903-904

Cristóvão foi um antipapa que assumiu o trono papal de forma ilegítima durante uma fase marcada por instabilidade na história da Igreja. Ele depôs o Papa Leão V, provavelmente por meio de violência, e assumiu o papado sem legitimidade canônica. Seu curto reinado terminou quando foi deposto por Sérgio III. Posteriormente, Cristóvão foi preso, sendo considerado ilegítimo pela Igreja.

119º · SÉRGIO III | 904-911

Natural de Roma, Sérgio III assumiu o papado em um período de grande instabilidade política, marcando o início da pornocracia, quando a nobreza romana, especialmente a família Teofilato, passou a exercer forte domínio sobre o papado. Durante seu pontificado, ele anulou o pontificado de seus predecessores e reabilitou o Sínodo do Cadáver, um evento polêmico que envolveu a exumação e julgamento postumamente do Papa Formoso. Seu governo é lembrado pela interferência secular nas questões eclesiásticas e pela corrupção que tomou conta do papado durante esse período.

A PORNOCRACIA

O termo "pornocracia" refere-se a um período histórico da Igreja Católica, que ocorreu no século X, particularmente entre 904 e 964, e foi caracterizado pelo domínio da nobreza romana sobre o papado. Durante essa fase, as famílias aristocráticas, como os Teofilatos, exerceram grande controle sobre a eleição papal e as decisões políticas da Igreja. A expressão "pornocracia" é atribuída a este período pela sua associação com a corrupção, manipulação e excesso de influência secular nas esferas eclesiásticas.

Durante esse período, papas como Sérgio III e João XII estiveram envolvidos em escândalos de corrupção, e a Igreja se viu imersa em lutas pelo poder, muitas vezes manipuladas por interesses familiares. A nobreza romana influenciava diretamente a eleição dos papas, e muitos dos pontificados durante a pornocracia foram marcados por falta de espiritualidade e moralidade. O clero se tornou submisso às famílias poderosas de Roma, comprometendo a autoridade papal e a estabilidade da Igreja. Esse período terminou com a reforma de Otão I, que procurou restabelecer a autonomia papal e a moralidade da Igreja, colocando um fim à excessiva intervenção secular.

120º • Anastácio III | 911–913

Teve um pontificado tranquilo, marcado pela submissão à aristocracia romana. Pouco se destaca de seu governo, embora tenha mantido a ordem administrativa e litúrgica da Sé de Roma.

121º • Lando | 913–914

Último papa a ter apenas um nome até Francisco (século XXI). Seu breve pontificado ocorreu sob forte influência da família Teofilato. É pouco documentado e cercado de obscuridade histórica. Durante boa parte da história do papado, os papas eram conhecidos por um nome único (como Lando), mas isso mudou ao longo do tempo, com papas subsequentes adotando nomes compostos ou seguidos por numerais (por exemplo, João XXIII ou Pio XII). O nome de um papa não é escolhido aleatoriamente; geralmente, ele é escolhido com base em um nome papal tradicional ou como uma homenagem a um antecessor ou figura religiosa importante. Quando Lando foi eleito em 913, ele foi o último papa a seguir a antiga tradição de ter apenas um nome como identificador.

122º • João X | 914–928

Natural da Bolonha, João X foi aliado dos Teofilatos e teve um papado marcado por sua liderança política forte. Ele liderou uma liga cristã contra os sarracenos, obtendo uma vitória decisiva em Garigliano, o que reforçou sua posição política e militar. Apesar de sua força política, João X enfrentou uma grande intriga interna, sendo preso por ordem de Marózia, uma poderosa figura romana, e morreu sob custódia. Durante seu pontificado, ele tentou restaurar o prestígio papal e solidificar a autoridade da Igreja em um período de grandes turbulências internas e externas.

123º • Leão VI | 928-929

Governou por menos de um ano em meio à dominação absoluta da aristocracia romana. Embora pouco se saiba de seu curto pontificado, durante este período fez o possível para pacificar Roma, lutou contra os sarracenos e húngaros e morreu violentamente por ordem da nobre Marózia, filha de Teofilato.

124º • ESTEVÃO VII | 929–931
Controlado pela poderosa família Teofilato, teve um governo sem autonomia. Seu pontificado reflete a degradação institucional da Sé Romana durante a pornocracia.

A FAMÍLIA TEOFILATOS

Originária de uma aristocracia romana, essa família exerceu uma influência considerável sobre a eleição papal e o governo da Igreja, especialmente durante a época da pornocracia (um período de forte intervenção secular nas questões eclesiásticas). A família Teofilatos teve membros que interferiram diretamente nas decisões papais, e o controle sobre o papado era frequentemente obtido por meio de manipulação política e de alianças estratégicas, como a feita com os carolíngios.

Marózia, uma das figuras mais notórias da família, foi uma das mulheres mais influentes da época, controlando a nomeação de papas e, em alguns casos, até assumindo o poder de forma indireta. Ela teve um papel crucial na eleição e exclusão de papas, incluindo a prisão e morte do papa João X.

A ascensão da família Teofilatos coincidiu com uma época de grande instabilidade no papado. Ao longo do tempo, a influência da família diminuiu, especialmente com o fortalecimento da autoridade papal e as reformas da Igreja que se seguiram, mas o legado de sua interferência política no papado permanece um marco da história medieval da Igreja.

O casamento de Marózia e Hugo da Itália, por Francesco Bertolini (1889)

Abadia de Cluny. Catedral (reconstrução), por Georg Dehio & Gustav von Bezold (c. 1901)

125º • JOÃO XI | 931–935

Algumas fontes apontam que era filho ilegítimo do papa Sérgio III e de Marózia. Teve um papado marcado pela forte manipulação de sua mãe, que controlava Roma durante seu pontificado. Sua liderança foi amplamente limitada, já que Marózia exerceu uma grande influência sobre as decisões papais e a política local. Embora tenha assumido o papado, João XI não pôde exercer autoridade própria, sendo uma figura subordinada ao poder da família Teofilatos, que dominava a Igreja e o governo romano na época. Seu pontificado refletiu as instabilidades políticas e as intrigas internas que caracterizavam a Igreja nesse período.

126º • LEÃO VII | 936–939

Nomeado com o apoio do imperador Oto I, Leão VII teve um papado voltado para o fortalecimento da autoridade espiritual do papa. Durante seu pontificado, ele colaborou com as reformas monásticas de Cluny, que buscavam revitalizar a disciplina e a vida religiosa na Igreja. Leão VII também trabalhou para reorganizar o clero regular e secular, visando estabelecer maior unidade e disciplina na Igreja. Seu pontificado refletiu os esforços para consolidar a reforma e a centralização do papado em uma época de grandes desafios internos.

AS REFORMAS DE CLUNY

Iniciadas no final do século X, as reformas de Cluny tiveram um grande impacto na estrutura da Igreja, principalmente no que diz respeito ao monaquismo. O mosteiro de Cluny, fundado na França, tornou-se o centro espiritual de um movimento que visava restaurar a pureza e a disciplina monástica, combatendo práticas como a simonia e a interferência secular nos assuntos religiosos. Essas reformas promoveram um modelo de vida mais austero e dedicado à oração, com foco na obediência à regra de São Bento e no isolamento das influências externas. A rede de mosteiros cluniacenses se espalhou por toda a Europa, fortalecendo o papel da Igreja como autoridade independente e contribuindo para a centralização do papado durante a Idade Média.

127º • ESTÊVÃO VIII | 939–942

Teve um governo marcado por instabilidade política e violência. Há indícios de que tenha sofrido agressões de grupos aristocráticos contrários à sua liderança.

128º • MARINHO II | 942–946

Papa reformador, Marinho II destacou-se por organizar as finanças da Santa Sé, incentivar a restauração de igrejas danificadas e reforçar a disciplina interna da Igreja. Seu pontificado, mais estável que os anteriores, buscou preservar a ordem e a moralidade em meio a um cenário de intensos conflitos políticos e sociais.

129º • AGAPITO II | 946–955

Teve um papado marcado pela estabilidade e organização eclesiástica. Papa Agapito II foi um defensor ativo da autoridade papal e trabalhou para manter a unidade da Igreja durante um período de turbulências internas e pressões externas. Durante seu pontificado também esteve envolvido em questões políticas, buscando fortalecer a posição de Roma em relação ao Império Bizantino e às influências seculares. Sua liderança é lembrada pela habilidade diplomática e sua dedicação à preservação da ordem na Igreja.

IDADE MÉDIA (SÉCULOS VI – XV)

130º • JOÃO XII | OTAVIANO | 955-964

Filho de uma família nobre romana, João XII assumiu o papado ainda muito jovem e em um processo ilegítimo, em que seu pai, no altar, à beira da morte, fez os nobres jurarem sacrilegamente eleger seu filho papa. Inexperiente, mas ousado, João XII rapidamente se envolveu em escândalos relacionados à conduta moral e à corrupção. Apesar disso, ele reconstruiu o Sacro Império e coroou Oto I da Alemanha, com quem criou uma aliança em que, no futuro, nenhum papa poderia ser consagrado sem a presença dos enviados do imperador, o chamado *Privilegium Othonianum*. Foi descrito como libertino, criminoso e sanguinário e devido à sua conduta inadequada foi deposto pelo imperador germânico, que o substituiu na cadeira papal por Leão VIII. Foi assassinado em 14 de maio de 964.

Papa João XII, por Giovanni Boccaccio (c. 1480)

O IMPERADOR OTO I

Oto I, também conhecido como Oto, o Grande, foi uma das figuras mais proeminentes da Europa medieval, conhecido por consolidar o Império Romano-Germânico e fortalecer a autoridade do papado na Idade Média. Filho de Henrique I, o Pajar, Oto ascendeu ao trono do Reino dos Germânicos em 936, após a morte de seu pai. Seu reinado, que durou até 973, foi marcado por grandes conquistas militares, diplomáticas e pela restauração do poder imperial na Europa Central, após um período de instabilidade. Oto I expulsou os húngaros que ameaçavam o império, e sua vitória na Batalha de Lechfeld, em 955, foi decisiva para consolidar sua posição como imperador.

Durante seu governo, Oto I também fortaleceu o papel do Império Romano-Germânico ao promover uma aliança estreita com o papado, coroando-se imperador em 962, com a bênção do papa João XII. Essa aliança deu início a um período de grande influência do império sobre a Igreja, ao mesmo tempo em que consolidava a unidade política e religiosa na Europa Central. Sua relação com o papado foi crucial para a consolidação do Sacro Império Romano-Germânico, e Oto I é lembrado como o responsável por restaurar a glória do império, unificando grande parte da Europa sob seu domínio e abrindo o caminho para o Império Medieval.

Retrato de Oto I

131º • LEÃO VIII | 963–965

Leão VIII foi nomeado papa pelo imperador Oto I após a deposição de João XII. Seu pontificado, embora breve, foi marcado por tentativas de restaurar a ordem na Igreja e reafirmar a autoridade papal em meio à instabilidade interna e à turbulência política em Roma. Apesar de seus esforços, acabou sendo deposto após um curto período. Sua figura permanece secundária na história, sendo mais lembrado por sua nomeação imperial do que por ações significativas durante o cargo.

132º • BENTO V | 964

Natural de Roma, Bento V foi eleito pelo povo após a morte de João XII.

Teve um pontificado breve, sendo deposto por Oto I. Exilado em Hamburgo, manteve o título de papa e foi tratado com respeito, sendo lembrado por sua dignidade e legitimidade até a morte.

133º • João XIII | 965–972

João XIII foi nomeado papa com o apoio de Oto I, o que ajudou a restaurar a autoridade papal em um período de grandes desafios políticos. Durante seu papado, ele trabalhou na estruturação da Igreja na Alemanha e reforçou a aliança entre o papado e o Império Romano-Germânico, particularmente ao coroar Oto II como coimperador. Esse gesto simbolizou a fortalecida colaboração entre a Igreja e o império, consolidando a influência papal sobre os assuntos políticos e eclesiásticos da época.

134º • Bento VI | 973–974

Teve um papado curto e turbulento, marcado por conflitos entre a aristocracia romana e a autoridade da Igreja. Foi assassinado durante uma revolta liderada por Crescêncio I, nobre opositor do papado. Sua morte evidencia a fragilidade do controle papal e o retorno das disputas políticas em Roma.

135º • Bento VII | 974–983

Foi fortemente apoiado pelo imperador Oto II durante seu papado, o que lhe permitiu tomar medidas decisivas contra a simonia (compra e venda de cargos eclesiásticos) e outros abusos no clero. Ele promoveu a reforma da vida eclesiástica, buscando restaurar a disciplina interna e fortalecer a moralidade no clero. Bento VII também teve um papel importante na restauração da ordem em Roma, após anos de instabilidade política e eclesiástica, consolidando o controle papal sobre a cidade e afirmando sua autoridade.

Papa Bento VII

A SIMONIA

Trata-se do ato de comprar ou vender cargos eclesiásticos, ou seja, a prática de obter uma posição dentro da Igreja em troca de dinheiro ou favores. O termo vem de Simão, o Mago, uma figura mencionada no Livro de Atos dos Apóstolos (Atos 8,18-24), que tentou comprar de São Pedro o poder de conferir o Espírito Santo. Este episódio foi interpretado pela Igreja como uma tentativa de transformar o poder espiritual em uma mercadoria, algo que foi posteriormente condenado pela Igreja.

Durante a Idade Média, a simonia foi um dos maiores problemas enfrentados pela Igreja Católica, uma vez que muitas posições eclesiásticas importantes, como bispos e abades, eram frequentemente adquiridas por pessoas que pagavam por elas, ao invés de serem escolhidas com base na santidade ou competência. Essa prática resultava em abusos de poder e na corrupção do clero, pois muitas dessas pessoas que compravam os cargos não tinham formação religiosa ou moral necessária para desempenhar suas funções adequadamente.

A simonia foi amplamente condenada durante o Concílio de Elvira (cerca de 306) e pela Reforma Gregoriana no século XI, que buscava restaurar a pureza e a moralidade da Igreja e liberar o clero das influências seculares. A condenação da simonia foi uma das prioridades de vários papas, como Bento VII, que trabalhou para erradicar esse abuso.

136º • João XIV | Pietro Canepanova | 983–984

Natural de Pavia, João XIV foi nomeado papa com o apoio do imperador Oto II. Após a morte do imperador, seu pontificado enfrentou intensas disputas políticas em Roma. O antipapa Bonifácio VII aproveitou a instabilidade para usurpar o trono e aprisionar João XIV, que morreu na prisão em circunstâncias obscuras. Sua morte é vista como um símbolo da fidelidade à autoridade legítima e dos desafios enfrentados pelo papado em um período de graves tensões e intrigas políticas.

137º • JOÃO XV | 985-996

Natural de Roma, João XV teve um pontificado turbulento, caracterizado por conflitos com a nobreza romana. Ele é lembrado como o primeiro papa a canonizar oficialmente um santo. Durante seu papado, ele enfrentou grandes dificuldades internas, incluindo disputas de poder com a aristocracia romana e tensões políticas que enfraqueceram sua autoridade. No entanto, a canonização de Ulrico representa uma contribuição significativa para a tradição da Igreja Católica em formalizar os processos de santificação.

A PRIMEIRA CANONIZAÇÃO PAPAL

O Papa João XV, que governou a Igreja entre 985 e 996, é lembrado principalmente por ser o primeiro papa a canonizar oficialmente um santo. Sua decisão histórica ocorreu com a canonização de Ulrico de Augsburgo, bispo alemão cujas virtudes e milagres foram reconhecidos pela Igreja Católica. Essa canonização foi um marco na história da Igreja, pois estabeleceu um procedimento formal e oficial para a santificação dos indivíduos, algo que não era praticado com tanta estrutura até aquele momento. Embora o processo de canonização já fosse realizado de maneira informal, foi durante o pontificado de João XV que se iniciou a tradição de formalizar essa

Santo Ulrico, por Leonhard Beck (1510)

prática, uma vez que os papas anteriores já haviam declarado santos vários indivíduos, mas sem um processo sistemático e regulamentado.

A canonização de Ulrico de Augsburgo não apenas consolidou um novo método para reconhecer a santidade, mas também destacou o papel crescente do papado em questões de moralidade e autoridade eclesiástica. Embora o pontificado de João XV tenha sido marcado por conflitos internos com a nobreza romana, essa ação demonstrou seu compromisso em solidificar a prática religiosa da Igreja e em fortalecer sua influência espiritual. A canonização também reforçou a importância da Igreja na vida cotidiana dos fiéis, ao estabelecer um exemplo claro de virtude e piedade a ser seguido.

138º • GREGÓRIO V | BRUNO DE CARÍNTIA | 996–999

Nascido em Caríntia, região situada no sudeste da atual Áustria, Gregório V foi o primeiro papa de origem alemã e sobrinho do imperador Oto III. Durante seu papado, ele enfrentou uma série de desafios, incluindo ser deposto por um antipapa, mas foi reconduzido ao cargo em um período de grande instabilidade. Gregório V consolidou o poder papal, trabalhando estreitamente com o império, e reforçou a aliança entre a Igreja e o Império Romano-Germânico, que se tornaria um ponto crucial para a história do papado e sua relação com o poder secular na Idade Média.

139º • SILVESTRE II | GERBERTO D'AURILLAC | 999–1003

Erudito e cientista, promoveu o uso de algarismos arábicos e foi um dos papas mais cultos da história. Buscou fortalecer a autoridade espiritual de Roma na cristandade europeia.

140º • JOÃO XVII | 1003

Governou por poucos meses, sem eventos notáveis. Sua eleição foi pacífica e sua morte natural marcou um raro momento de tranquilidade no papado da época.

141º • JOÃO XVIII | FASANO | 1003–1009

Renunciou ao cargo e retirou-se a um mosteiro. Durante seu governo, promoveu a paz e deu continuidade às reformas iniciadas por Silvestre II.

142º • SÉRGIO IV | PIETRO BUCCAPORCI | 1009–1012

O papa Sérgio IV era beneditino e foi por vezes ofuscado por João Crescêncio, governante de Roma, na época. Com sua ajuda, Sérgio agiu para aliviar a fome na cidade e isentou vários mosteiros do governo episcopal. Suspeita-se que foi assassinado, pois morreu uma semana depois de Crescêncio, considerado seu patrono. Atribui-se a este papa uma carta que foi usada na época das cruzadas em que ele expulsa os muçulmanos da Terra Santa.

143º • BENTO VIII | TEOFILATO | 1012–1024

Membro da poderosa família Teofilato, Bento VIII teve um papado marcado por esforços contra piratas muçulmanos e pela reforma da vida monástica, buscando melhorar a disciplina e a espiritualidade dos mosteiros. Com o apoio do imperador Henrique II, ele também combateu a simonia, uma prática que prejudicava a moralidade do clero. Sua liderança foi caracterizada por fortalecer o papel papal e promover reformas administrativas dentro da Igreja, em uma época de grande conflito político e eclesiástico.

144º • JOÃO XIX | ROMANO | 1024–1032

João XIX foi eleito papa mesmo sendo leigo, ordenado rapidamente sob forte pressão familiar, o que reflete a influência da aristocracia romana na eleição papal. Seu pontificado foi marcado pela diplomacia com Constantinopla, tentando manter boas relações com o Oriente, além de dar continuidade às alianças com o Império Romano-Germânico. Embora tenha enfrentado algumas dificuldades, seu governo procurou preservar a estabilidade política e eclesiástica, consolidando as relações da Igreja com as principais potências da época.

145º • BENTO IX | TEOFILATO | 1032–1044

Membro da família Teofilato, Bento IX é o único papa a ter exercido o cargo em três períodos distintos. Seu papado foi marcado por uma vida escandalosa e por ações que levaram à venda do papado e à posterior excomunhão. A sua conduta reflete o declínio moral e a decadência do papado na época, tornando-o um símbolo da corrupção papal antes das grandes reformas do século XI. Suas outras duas passagens pelo pontificado foram em 1045 por apenas 21 dias e, por fim, de 1047 a 1048. Sua ascensão e queda exemplificam a fragilidade da autoridade papal em tempos de interferência secular e crise interna.

146º • SILVESTRE III | JOÃO DE SABINA | 1045

Silvestre III foi eleito papa em 1045, durante uma crise moral e política da Igreja, marcada pela simonia e pela influência de nobres romanos. Ligado à família Crescenzi, sucedeu Bento IX, mas foi deposto quando este retomou o cargo com apoio militar. Considerado por alguns um antipapa, Silvestre seguiu usando o título episcopal.

Papa Bento IX

147º • BENTO IX | TEOFILATO | 1045

No segundo pontificado, Bento IX retornou ao trono papal em 1045, após abdicar e vender o cargo ao papa Gregório VI. Com o apoio de facções romanas, retomou o controle brevemente, em meio a grande confusão e disputa pelo poder.

148º • GREGÓRIO VI | GIOVANNI GRAZIANO | 1045-1046

Gregório VI ascendeu ao papado ao comprar o cargo de Bento IX, numa tentativa paradoxal de acabar com o escândalo gerado pela venda do papado. Apesar de suas boas intenções, sua eleição gerou acusações de simonia, prática proibida de compra e venda de cargos eclesiásticos. Durante o Concílio de Sutri, ele renunciou voluntariamente ao cargo, um gesto que, embora tenha encerrado sua breve passagem, ajudou a eliminar a corrupção no papado. Sua renúncia abriu caminho para profundas reformas que seriam implementadas no século XI, com o objetivo de restaurar a moralidade e a independência da Igreja frente às influências políticas e econômicas que ameaçavam sua autoridade. Essas mudanças foram cruciais para fortalecer a estrutura da Igreja e garantir maior legitimidade ao papado.

149º • CLEMENTE II | SUIDGER DE BAMBERG | 1046–1047

Natural de Bamberg, na Baviera, Clemente II foi nomeado papa pelo imperador Henrique III, com quem manteve uma relação próxima. Durante seu pontificado, coroou Henrique III como Sacro Imperador Romano-Germânico, fortalecendo a aliança entre papado e império. Combateu a simonia, buscando restaurar a moralidade da Igreja após anos de corrupção. Seu breve pontificado foi crucial para as reformas que marcaram as décadas seguintes.

150º • BENTO IX | TEOFILATO | 1047-1048

Quando Clemente II faleceu em 1047, Bento tomou o Palácio de Latrão e se tornou papa novamente. Porém, em julho de 1048, ele foi expulso pelas tropas da Alemanha.

151º • DÂMASO II | POPPO DE BRIXEN | 1048

Natural de Brixen, cidade situada na atual Itália, Dâmaso II teve um pontificado extremamente breve, com apenas 24 dias de duração. Nomeado por Henrique III, ele assumiu a Sé de Pedro em um período marcado por grandes tensões políticas e desafios para o papado. Sua morte repentina, logo após sua ascensão, foi atribuída a enfermidades que afetavam a região e à instabilidade do século XI. Apesar da curta duração de seu pontificado, Dâmaso II é lembrado como uma figura simbólica de um período de transição e turbulência dentro da Igreja.

152º • SÃO LEÃO IX | BRUNO DE EGUISHEIM-DAGSBURG | 1049–1054

Natural de Eguisheim, na atual França, Leão IX foi uma figura central na Reforma da Igreja, um movimento que buscava erradicar abusos como a simonia e o casamento de clérigos. Durante seu papado, ele trabalhou para fortalecer a moralidade e a autoridade do papado, estabelecendo práticas que buscavam restaurar a pureza da Igreja. Seu pontificado culminou no Cisma do Oriente em 1054, quando as Igrejas de Roma e Constantinopla romperam formalmente, após séculos de tensões doutrinárias e políticas. Leão IX é lembrado como um líder reformista que deixou um impacto duradouro na história da Igreja.

O Cisma do Oriente

ROMA *VERSUS* CONSTANTINOPLA

O Cisma do Oriente, ocorrido em 1054, foi um dos momentos mais significativos da história cristã e resultou no rompimento formal entre as Igrejas de Roma e Constantinopla, marcando o início da divisão entre a Igreja Católica Romana e a Igreja Ortodoxa Oriental. As tensões entre as duas instituições haviam se acumulado ao longo de séculos, com diferenças teológicas, políticas e culturais intensificando a separação. Questões como a supremacia papal, o uso de ícones religiosos, e o *Filioque* (a inclusão da frase "e do Filho" no Credo Niceno) foram alguns dos pontos principais de disputa. Em 1054, o papa Leão IX e o patriarca Michaél I, Cerulário de Constantinopla, se encontraram em um embate decisivo, culminando na excomunhão mútua das duas figuras e, por consequência, o rompimento definitivo das duas tradições cristãs.

Esse cisma teve implicações profundas não apenas na história da Igreja, mas também nas relações políticas e culturais entre o Ocidente e o Oriente. Enquanto o papado em Roma se tornava o centro da Igreja Católica, a Igreja Ortodoxa Oriental se fortalecia sob a liderança do Patriarcado de Constantinopla. O cisma perdura até os dias atuais, com as duas Igrejas mantendo suas tradições e dogmas separados, embora haja tentativas ocasionais de diálogo e reconciliação. O Cisma do Oriente não foi apenas uma ruptura religiosa, mas também um marco na história do cristianismo, tendo implicações políticas e culturais que perduraram ao longo de toda a Idade Média e além.

153º • VÍTOR II | GEBHARD DE CALW | 1055–1057

Natural de Calw, na Alemanha, Vítor II consolidou os esforços de reforma iniciados por Leão IX, promovendo concílios e reforçando a disciplina do clero, como parte de um movimento para restaurar a moralidade e a ordem dentro da Igreja. Seu papado foi caracterizado por uma forte aliança com o imperador Henrique III, que o apoiou como uma figura de estabilidade no Ocidente, especialmente em um momento de

Papa Vítor II

turbulência política e religiosa. A reforma eclesiástica que ele promoveu foi essencial para fortalecer a autoridade papal e as práticas religiosas no Império Romano-Germânico.

154º • ESTÊVÃO IX | FREDERICO DE LORENA | 1057–1058

Natural de Lorena, região histórica situada no leste da França, Estêvão IX foi tio de Godofredo da Lorena e manteve o impulso reformador de seus predecessores. Durante seu papado, ele tentou impedir a interferência dos nobres romanos na sucessão papal, buscando reforçar a independência do papado e consolidar as reformas que estavam em andamento. No entanto, ele morreu antes de conseguir consolidar as mudanças planejadas, deixando a Igreja em um momento de transição e instabilidade. Seu pontificado breve refletiu a dificuldade de manter o controle papal em um período de crescente conflito político em Roma.

155º • NICOLAU II | GERARDO DE BORGONHA | 1058–1061

Natural de Borgonha, Nicolau II foi responsável por uma revolução no processo de eleição papal, ao instituir o colégio dos cardeais como o corpo exclusivo de eleitores. Essa medida, que retirou o poder das famílias nobres e do imperador, foi fundamental para limitar a interferência política nas eleições papais. A reforma de Nicolau II estabeleceu as bases do conclave moderno, onde apenas os cardeais participam da eleição papal, uma mudança que fortaleceu a autoridade e a independência do papado. Seu pontificado foi um passo importante na centralização do poder papal e na transformação da Igreja em uma instituição mais autônoma.

O COLÉGIO DOS CARDEAIS

Uma das instituições mais importantes da Igreja Católica, desempenha papel crucial nas decisões eclesiásticas, especialmente na eleição do papa. Sua origem remonta ao papado de Nicolau II no século XI, quando este instituiu os cardeais como o corpo exclusivo de eleitores papais, retirando esse poder das famílias nobres e do imperador. Esse movimento representou um ponto de virada para a Igreja, pois centralizou a autoridade papal e diminuiu o controle externo sobre as escolhas papais. Com o tempo, o colégio foi expandido, incluindo cardeais de diferentes países, tornando-se um corpo internacional e plural, que reflete a universalidade da Igreja Católica.

Atualmente, o Colégio dos Cardeais não só é responsável pela eleição do papa durante o conclave, mas também desempenha funções importantes, como o aconselhamento do papa em assuntos de fé e moral. Embora sua função tenha evoluído ao longo dos séculos, a instituição continua sendo um pilar fundamental na hierarquia da Igreja Católica, com os cardeais frequentemente envolvidos na administração da Igreja e no desenvolvimento de políticas eclesiásticas globais. Além disso, o conclave papal, que é a reunião dos cardeais para eleger um novo papa, é um dos momentos mais emblemáticos e esperados da história da Igreja, refletindo a continuidade e renovação do papado.

156º • ALEXANDRE II | ANSELMO DE BAGGIO | 1061–1073

Natural de Baggio, perto de Milão, na Itália, Alexandre II foi um importante líder reformista que prosseguiu as reformas morais e doutrinárias iniciadas por seus predecessores. Ele combateu a simonia e promoveu a purificação da hierarquia eclesiástica, buscando restaurar a moralidade dentro do clero. Durante seu pontificado, teve o apoio de Hildebrando de Sovana, que mais tarde se tornaria o papa Gregório VII, e que já se destacava como uma figura chave nas reformas da Igreja. Juntos, buscaram fortalecer a autoridade papal e a independência da Igreja frente às interferências seculares.

157º • São Gregório VII | Hildebrando de Sovana | 1073–1085

Natural de Sovana, na Itália central, Hildebrando, mais conhecido como Gregório VII, foi uma das figuras centrais da Reforma Gregoriana, movimento que visava reformar a Igreja e afirmar sua independência do poder secular. Seu papado foi marcado por sua luta contra a simonia e por sua firme defesa da supremacia espiritual papal. Gregório VII enfrentou o imperador Henrique IV na Questão das Investiduras, um conflito sobre quem tinha o direito de nomear bispos, e excomungou o imperador duas vezes. Sua morte no exílio simbolizou sua fidelidade aos princípios reformadores, mesmo diante da perda temporária de poder, reforçando seu legado como defensor da autoridade papal.

O CONFLITO ENTRE IGREJA E IMPÉRIO

A Questão das Investiduras foi um dos mais significativos conflitos entre o poder papal e o secular durante a Idade Média, um ponto central na luta pela independência da Igreja Católica em relação ao império. O cerne da disputa estava no direito de nomear bispos e abades, uma prerrogativa tradicionalmente exercida pelos reis e imperadores, que consideravam essas nomeações como parte de seu poder temporal. No entanto, a Igreja, sob papas como Gregório VII, argumentava

Rei medieval investindo um bispo com os símbolos de seu episcopado, por Philip Van Ness Myers (1905)

que apenas o papa deveria ter a autoridade para conceder tais cargos, visto que a nomeação e o controle das ordens eclesiásticas eram considerados um direito espiritual da Igreja. A disputa culminou com a excomunhão de Henrique IV, imperador do Sacro Império Romano-Germânico, duas vezes, o que ilustrou a profunda fratura entre o papado e o império.

O conflito teve grandes implicações políticas e religiosas, e a Questão das Investiduras foi decisiva para a afirmação da autoridade papal no Ocidente medieval. A resolução do conflito só ocorreu em 1122 com a Concordata de Worms, que estabeleceu um compromisso, permitindo que o imperador tivesse um papel nas nomeações de bispos, mas garantindo que o papa tivesse a autoridade final sobre os aspectos espirituais e religiosos. Esse acordo foi um marco na relação entre a Igreja e o poder secular, criando um precedente para a autonomia papal e estabelecendo limites claros entre os poderes temporal e espiritual, cujos efeitos perduraram por séculos.

158º • BEATO VÍTOR III | DESIDÉRIO DE BENEVENTO | 1086–1087

Natural de Benevento, Desidério foi monge beneditino e abade de um dos principais centros monásticos da Europa medieval. Reconhecido por sua liderança espiritual e erudição, foi eleito papa com relutância, adotando o nome de Vítor III. Antes disso, destacava-se por seu papel nas reformas monásticas e sua estreita colaboração com o papa Gregório VII. Como pontífice, buscou dar continuidade às reformas contra a simonia e reforçar a autoridade moral da Igreja. No entanto, seu breve pontificado foi marcado por instabilidade política, oposição do antipapa Clemente III, apoiado pelo imperador Henrique IV, e conflitos internos em Roma. Sua saúde debilitada limitou sua atuação, mas ele ainda conseguiu convocar o Concílio de Benevento em 1087, onde reafirmou princípios reformistas. Vítor III governou por pouco mais de um ano, mas sua liderança refletiu os desafios enfrentados pela Igreja em meio à luta entre o poder papal e o secular.

159º • BEATO URBANO II | ODON DE LAGERY | 1088–1099

O PAPA QUE CONVOCOU A PRIMEIRA CRUZADA E UNIU O OCIDENTE SOB O SÍMBOLO DA CRUZ

Urbano II, nascido Odon de Lagery, foi papa entre 1088 e 1099. Proveniente da ordem beneditina e discípulo do reformador Gregório VII, seu pontificado foi marcado pela continuidade da luta contra as investiduras laicas e, sobretudo, por uma das maiores mobilizações religiosas da história: a convocação da Primeira Cruzada. Esse gesto marcou não apenas a retomada dos laços entre Roma e o povo, mas também a ascensão do papado como líder espiritual e militar da cristandade.

Papa Urbano II pregando a primeira cruzada na praça de Clermont, por Francesco Hayez (1835)

IDADE MÉDIA (SÉCULOS VI – XV)

No final do século XI, a expansão turca no Oriente havia resultado na tomada de Jerusalém e na ameaça aos cristãos do Império Bizantino. O imperador de Constantinopla, Aleixo I Comneno, pediu ajuda ao Ocidente. Urbano viu nisso uma oportunidade de reunificar a cristandade — ainda abalada pelo Cisma do Oriente — e de reforçar a autoridade papal frente aos príncipes europeus. Assim, em novembro de 1095, no Concílio de Clermont, na França, ele fez um apelo memorável: que os cristãos tomassem a cruz e marchassem para libertar os lugares sagrados.

Seu discurso, inflamado e dramático, despertou um fervor religioso e popular sem precedentes. Nobres e camponeses se alistaram em massa. Urbano prometeu indulgência plena aos participantes e estabeleceu os moldes para o que seriam as futuras cruzadas. Ao transformar uma guerra em uma peregrinação armada sob comando espiritual, ele estabeleceu um novo tipo de mobilização político-religiosa — uma união entre fé e espada.

Além da cruzada, Urbano II também reforçou a reforma gregoriana, combateu a simonia (venda de cargos eclesiásticos), apoiou o celibato clerical e consolidou o colégio cardinalício como órgão de governo. Foi um papa ativo na reorganização da administração da Igreja, promovendo concílios locais e reafirmando o primado de Roma sobre as demais sedes episcopais.

Urbano morreu em 1099, poucos dias após Jerusalém ser conquistada pelos cruzados — sem saber da notícia. Em 1881, foi beatificado pela Igreja, e sua figura é lembrada como o papa que unificou o Ocidente sob um ideal religioso comum. Seu gesto ecoaria por séculos, moldando a geopolítica medieval e a memória cristã do Oriente.

160º • PASCOAL II | RAINERIUS | 1099–1118

Nascido na Itália, Pascoal II continuou as tensões com o Sacro Império durante seu pontificado, particularmente em relação à Questão das Investiduras. Inicialmente, ele cedeu direitos ao imperador em relação às nomeações eclesiásticas, o que gerou reações contrárias dentro da

Captura de Jerusalém durante a Primeira Cruzada

Igreja, especialmente entre os reformistas. Contudo, este papa reafirmou a autoridade da Igreja sobre as nomeações episcopais, garantindo que o papado mantivesse sua independência. Seu longo pontificado foi caracterizado por esse embate político-religioso entre a Igreja e o império, e ele desempenhou um papel significativo na história da relação entre o poder secular e o poder papal.

161º • Gelásio II | Giovanni Caetani | 1118–1119

Giovanni Caetani, conhecido como Gelásio II, foi eleito papa em 1118, durante um período de grande instabilidade política em Roma. Logo após sua eleição, foi atacado por facções imperiais e forçado a fugir da cidade devido ao avanço dos antipapas e à oposição de nobres romanos. Refugiou-se em Gaeta e, mais tarde, na França, onde buscou apoio para reafirmar sua autoridade. Durante seu breve pontificado, excomungou o imperador Henrique V, numa tentativa de afirmar a independência da Igreja frente ao poder secular. No entanto, sua morte precoce, em 1119, impediu a consolidação de suas ações. Seu governo refletiu os desafios enfrentados pelo papado diante das constantes tensões entre Igreja e império.

162º • CALISTO II | GUI DE BOURGOGNE | 1119–1124

Natural de Borgonha, uma região histórica situada no leste da França, Calisto II foi um papa importante na história da relação entre a Igreja e o império. Durante seu pontificado, foi responsável por encerrar a Questão das Investiduras, assinando a Concordata de Worms (1122), um acordo histórico que estabeleceu os limites entre os poderes civil e eclesiástico. Este Concordato representou uma virada diplomática importante, garantindo que o papado mantivesse controle sobre as nomeações eclesiásticas enquanto concedia ao imperador o direito de investir em cargos civis, mas sem afetar a autoridade espiritual da Igreja. O governo de Calisto II foi um marco na restauração da estabilidade papal após décadas de conflito com o poder secular.

O Imperador Henrique V visita seu pai na prisão (c. 1450)

DIVISÃO ENTRE IMPÉRIO E IGREJA

A Concordata de Worms, acordo assinado em 1122 entre o papado e o Sacro Império Romano-Germânico, foi um acordo histórico que resolveu um dos conflitos mais duradouros da Idade Média: a Questão das Investiduras. Durante séculos, o imperador e o papa disputaram a autoridade sobre a nomeação dos bispos, um poder que implicava tanto em influência religiosa quanto em controle sobre vastos territórios. A concordata estabeleceu um compromisso, permitindo que o imperador tivesse o direito de investir os bispos com seus símbolos temporais (como o anel e o bastão), mas assegurando que o papa tivesse autoridade final sobre a nomeação e consagração espiritual dos bispos. Esse acordo colocou fim ao conflito entre os dois poderes, restaurando a independência e a autoridade do papado.

A assinatura da Concordata de Worms não apenas reduziu as tensões entre o império e a Igreja, mas também teve implicações duradouras para a política medieval. A separação clara entre os poderes temporais e espirituais estabelecida por este tratado determinou um precedente importante para a independência da Igreja em relação ao poder secular. A solução pacífica encontrada em Worms refletiu um compromisso entre as duas autoridades e teve impacto profundo no equilíbrio de poder entre a Igreja e os monarcas, definindo o futuro da relação entre o papado e o império por séculos.

163º • HONÓRIO II | LAMBERTO SCANNABECCHI | 1124–1130

Natural de Fagnano, na Itália, Honório II buscou pacificar as facções da cúria romana e restaurar a influência espiritual do papa sobre a cristandade. Seu papado foi marcado por esforços moderados para consolidar a autoridade papal, especialmente em tempos de grandes divisões internas dentro da Igreja. Ele também incentivou missões religiosas em várias partes da Europa, buscando expandir a influência da Igreja fora de Roma. Apesar de suas boas intenções, o governo de Honório II foi fortemente dependente da aristocracia romana, o que limitou a autonomia papal e refletiu a interferência secular na administração eclesiástica.

164º • INOCÊNCIO II | GREGORIO PAPARESCHI | 1130–1143

Gregório Papareschi, conhecido como Inocêncio II, assumiu o papado em meio a um cisma com o antipapa Anacleto II, que causou uma divisão significativa na cristandade. Seu pontificado foi marcado pela luta para consolidar sua legitimidade, que foi reforçada com o apoio de São Bernardo de Claraval, o mais importante líder religioso da época. Esse apoio foi crucial para fortalecer a autoridade papal e garantir a unidade da Igreja. Durante seu governo, Inocêncio II também buscou reforçar a presença papal na política europeia, intervindo em disputas territoriais e ajudando a moldar a influência da Igreja no cenário político e social do continente.

165º • CELESTINO II | GUIDO DI CASTELLO | 1143–1144

Natural de Castello, uma localidade situada na província de Alessandria, no Piemonte, região do norte da Itália, Guido di Castello, conhecido como Celestino II, teve um pontificado extremamente breve, com duração de apenas cinco meses. Seu governo foi caracterizado por um raro período de tranquilidade, sem grandes conflitos internos ou externos, o que lhe permitiu concentrar esforços na promoção da reconciliação com reinos europeus e no fortalecimento das relações diplomáticas da Igreja com diversas cortes cristãs. Apesar do curto tempo no cargo, buscou manter o equilíbrio político e espiritual da Sé Romana.

166º • LÚCIO II | GHERARDO CACCIANEMICI DALL'ORSO| 1144–1145

Lúcio II, natural da Bolonha, teve um papado curto, mas intensamente marcado por grandes tensões políticas e sociais. Seu governo enfrentou um movimento revolucionário liderado por senadores romanos que buscavam instaurar uma república, com o objetivo de retirar do papa o poder temporal sobre a cidade.

Durante seu pontificado, ele tentou retomar o controle de Roma, que, na época, buscava maior autonomia como comuna, isto é, independência tanto do poder papal quanto do imperial. Sua tentativa de restaurar a autoridade da Igreja foi confrontada por uma rebelião armada. Lúcio II foi ferido durante os confrontos e morreu pouco depois, o que simbolizou a crescente tensão entre o papado e o Senado romano, opositor da centralização do poder religioso em Roma. Sua morte trágica ressaltou a vulnerabilidade do papa diante das transformações políticas do século XII.

167º • BEATO EUGÊNIO III | BERNARDO PIGNATELLI | 1145–1153

Natural de Pisa, Bernardo Pignatelli, conhecido como Eugênio III, foi o primeiro papa cisterciense, discípulo do célebre São Bernardo de Claraval, com quem compartilhou a visão de renovação espiritual e reforço da autoridade moral da Igreja. Durante seu papado, ele convocou a Segunda Cruzada (1147-1149), um movimento militar cristão com o objetivo de recuperar terras perdidas para os muçulmanos. Além disso, enfrentou forte oposição da comuna de Roma, que buscava aumentar sua autonomia frente ao papado. A influência cisterciense no papado de Eugênio III ajudou a fortalecer a espiritualidade monástica e a unidade da Igreja em tempos de desafios políticos e religiosos.

OS PAPAS E AS CRUZADAS

Durante a Idade Média, as cruzadas se caracterizaram por uma série de expedições militares convocadas principalmente pelos papas, com o objetivo de recuperar Jerusalém e outros territórios sagrados que estavam sob domínio muçulmano. O papel central dos papas nas cruzadas foi espiritual e político. Não apenas como líderes religiosos, mas também como figuras de autoridade secular, os papas viabilizaram o movimento, utilizando sua influência sobre os reis e nobres da Europa para organizar e financiar as expedições. As cruzadas foram vistas como um meio de expansão do poder da Igreja, de fortalecimento da unidade cristã e de reafirmação da supremacia papal sobre a cristandade, muitas vezes enfrentando desafios tanto internos quanto externos.

As cruzadas eram basicamente expedições militares cristãs organizadas com o objetivo de recuperar territórios e de proteger os cristãos que viviam sob domínio muçulmano. Elas também tinham um caráter religioso, já que muitos viandantes, cavaleiros nobres e camponeses consideravam, conforme a promessa da Igreja, as cruzadas como forma de expiação de pecados e de obtenção de graça divina. Cada cruzada foi promovida com indulgência plenária, ou seja, o perdão completo de pecados para aqueles que participassem das expedições. Ao longo dos séculos, mais de uma dúzia de cruzadas foram organizadas, abordando questões como o controle de Jerusalém, a expansão do cristianismo e a proteção de terras cristãs na África e na Ásia Menor.

As implicações históricas das cruzadas foram muito profundas, não apenas para o cristianismo, mas também para as relações políticas, sociais e econômicas da Europa. Elas ajudaram a unificar a cristandade ocidental, fortaleceram a instituição papal e ampliaram a presença militar do Ocidente em terras orientais. Contudo, os conflitos com o mundo muçulmano, uma ameaça real à cristandade, ampliaram as tensões entre a Igreja e os monarcas europeus e geraram impactos econômicos ao promoverem o comércio de especiarias e outros produtos do Oriente. As cruzadas também tiveram um papel importante no desenvolvimento de cidades e comércio, mas ao mesmo tempo mostraram o preço humano e material das grandes guerras religiosas.

Entre os principais papas envolvidos nas cruzadas, destaca-se Urbano II, que convocou a Primeira Cruzada em 1095, em Clermont, e prometeu indulgências aos que partissem para a Terra Santa. Durante o papado de Inocêncio III, foi organizada a Quarta Cruzada (1202-1204), que, embora originalmente destinada a Jerusalém, acabou levando à sacralização do Império Bizantino com a tomada de Constantinopla. Gregório VIII também desempenhou um papel importante, chamando a Terceira Cruzada (1189-1192), em resposta à perda de Jerusalém para os muçulmanos sob Saladino. Ao longo dos séculos, os papas continuaram a exercer grande influência sobre as cruzadas, até o declínio gradual do movimento e a perda de seu caráter centralizado no papado.

São Bernardo de Claraval prega a Segunda Cruzada em Vézelay, por Émile Signol

O fim das cruzadas, no final da Idade Média, foi influenciado por vários fatores. O enfraquecimento do poder papal, a concorrência crescente das monarquias europeias e a crescente independência das ordens militares contribuíram para o declínio. Além disso, a falência das expedições militares, que não conseguiram sustentar os objetivos originais, também acelerou o fim do movimento. O impacto das cruzadas, no entanto, continua a ser sentido na história religiosa, política e cultural do mundo ocidental até os dias atuais.

168º • ANASTÁCIO IV | CORRADO DELLA SUBURRA | 1153-1154

Papa idoso e diplomático, mediou disputas entre o imperador Frederico Barbarossa e o colégio cardinalício. Governou por pouco mais de um ano, priorizando a conciliação e a unidade eclesial, em um tempo em que a comuna romana recusava o poder temporal do papa. Morreu aos 81 anos

169º • ADRIANO IV | NICHOLAS BREAKSPEAR | 1154-1159

Natural de Abbots Langley, na Inglaterra, Nicholas Breakspear, conhecido como Adriano IV, foi o único papa inglês da história. Em seu pontificado houve a intensificação do conflito com o imperador Frederico Barbarossa e a revolta de Arnaldo de Brescia, um pregador que desafiava a autoridade papal. Durante seu governo, Adriano IV buscou fortalecer o papado frente à oposição interna e às tensões políticas na Itália, em um momento de crescente conflito entre o poder secular e o poder papal. Embora seu pontificado tenha sido conturbado, ele desempenhou um papel fundamental na defesa da autoridade papal e na tentativa de restaurar a estabilidade no Ocidente medieval.

170º • ALEXANDRE III | ROLANDO BANDINELLI | 1159-1181

Natural de Siena, cidade situada na região da Toscana, no centro da Itália, Rolando Bandinelli, conhecido como Alexandre III, teve um dos pontificados mais desafiadores da história da Igreja. Enfrentou Frederico Barbarossa e lutou contra três antipapas. Durante seu longo papado, ele foi exilado diversas vezes, mas sua

Papa Alexandre III

resistência política e religiosa foi fundamental para consolidar sua autoridade em um período de grande tensão entre o papado e os poderes seculares. Alexandre III também convocou o Terceiro Concílio de Latrão (1179), que instituiu importantes reformas dentro da Igreja, além de definir novas normas para a eleição papal, criando o que viria a ser o sistema do conclave. Seu pontificado consolidou a autonomia papal e foi um marco na história das relações entre a Igreja e o império.

171º • Lúcio III | Ubaldo Allucingoli | 1181–1185

Natural de Lucca, uma cidade na região da Toscana, Ubaldo Allucingoli, Lúcio III, foi papa durante um período de intensas disputas doutrinárias e políticas. Condenou oficialmente as heresias emergentes no Concílio de Verona (1184), reafirmando a doutrina ortodoxa da Igreja. Seus últimos anos foram marcados por uma crescente tensão com o imperador Frederico Barbarossa, além de desafios pastorais crescentes, como a resistência das comunidades locais e a pressão das reformas. Lúcio III também enfrentou o desafio de manter a unidade e a autoridade papal em um período de grandes transformações políticas e religiosas na Europa.

172º • Urbano III | Uberto Crivelli | 1185–1187

Originário de Milão, Urbano III teve um pontificado marcado pela constante hostilidade com o imperador Frederico Barbarossa, com quem manteve relações tensas devido às disputas políticas e religiosas entre a Igreja e o império. Durante seu breve papado, Urbano III demonstrou intenção de convocar uma nova cruzada em resposta à perda de Jerusalém para os muçulmanos em 1187. No entanto, ele morreu em Ferrara antes de conseguir levar seus planos adiante. Sua morte prematura, somada às circunstâncias políticas da época, evidenciam as dificuldades enfrentadas pelo papado ao tentar afirmar sua autoridade diante da crescente pressão dos imperadores germânicos e das ameaças externas à cristandade latina.

173º • Gregório VIII | Alberto di Morra | 1187

Natural de Morra, uma pequena localidade no Reino de Sicília, Alberto di Morra, conhecido como Gregório VIII, teve um dos pontificados mais curtos da história, governando por menos de dois meses. Apesar de sua breve liderança, foi decisivo na convocação da Terceira Cruzada, que tinha como objetivo recuperar Jerusalém após a derrota cristã na Batalha de Hattin, em que as forças muçulmanas sob o comando de Saladino conquistaram a cidade. Sua rápida ação refletiu a urgência da situação, mas seu papado foi interrompido pela morte prematura.

174º • Clemente III | Paolo Scolari | 1187–1191

Natural de Roma, Clemente III foi um papa conciliador que desempenhou um papel essencial na restauração da paz em Roma durante um período de grande instabilidade. Ele harmonizou as relações entre o papado e a comuna romana, um passo importante para garantir a autoridade papal sobre a cidade. Clemente III também apoiou a Terceira Cruzada, visando recuperar Jerusalém das mãos dos muçulmanos após a vitória de Saladino. Seu pontificado foi marcado por seus esforços diplomáticos para mediar conflitos entre as potências cristãs e por seu trabalho em preservar a unidade da Igreja em um contexto de crescente divisão.

175º • Celestino III | Giacinto Bobone | 1191–1198

Natural de Roma, foi um papa experiente e hábil, eleito já em idade avançada. Durante seu pontificado, ele coroou Henrique VI, o imperador do Sacro Império Romano-Germânico, filho de Frederico Barbarossa, consolidando a aliança entre o papado e o império. Tentou manter o equilíbrio entre os interesses do império e a autoridade da Igreja, adotando uma postura prudente diante dos desafios políticos e diplomáticos de sua época. Seu pontificado, embora moderado, foi amplamente respeitado por sua sabedoria e habilidade em gerenciar as complexas relações entre a Igreja e as potências seculares.

176º • INOCÊNCIO III | LOTÁRIO DE SEGNI | 1198–1216

O PAPA QUE SONHOU COM UMA TEOCRACIA CRISTÃ E COMANDOU A IGREJA NO AUGE DE SEU PODER

Inocêncio III, nascido Lotário de Segni, foi eleito papa em 1198 e permaneceu no cargo até sua morte em 1216. Formado em direito e teologia nas universidades de Paris e Bolonha, tornou-se papa aos 37 anos com uma visão clara: a Igreja deveria exercer autoridade espiritual suprema sobre todos os reis e nações da cristandade. Sob seu comando, a Igreja alcançou um nível de influência e centralização dos papas sem precedentes, tanto no campo religioso quanto político.

Afresco de Inocêncio no mosteiro beneditino de Subiaco, Lácio

Seu lema era claro: assim como o Sol governa o dia e a Lua recebe sua luz, o papa deveria governar o mundo espiritual — e os reis temporais deviam submeter-se a essa autoridade. Inocêncio interveio diretamente em sucessões reais na Alemanha, França, Inglaterra, Sicília e Bulgária. Impôs interdições a reinos inteiros, excomungou soberanos, como o rei João da Inglaterra, e arbitrou disputas com a autoridade de um imperador espiritual.

Foi também um organizador incansável da vida eclesial. Convocou o IV Concílio de Latrão em 1215, um dos mais importantes da história da Igreja.

Esse concílio definiu dogmas fundamentais, como a doutrina da transubstanciação, reforçou a obrigação da confissão anual e promoveu medidas disciplinares contra abusos do clero. Também lançou diretrizes para a educação dos fiéis e combateu heresias com maior rigor.

Inocêncio III também apoiou e aprovou o surgimento de novas ordens religiosas, como os franciscanos e dominicanos, que renovariam a espiritualidade da Igreja com ênfase em pobreza, pregação e ortodoxia. No entanto, sua tentativa de unir a cristandade por meio da Quarta Cruzada terminou em desastre: os cruzados, desviados de seu objetivo original, saquearam Constantinopla em 1204, aprofundando a ruptura entre católicos e ortodoxos — algo que o próprio papa lamentou.

Ao morrer, em 1216, Inocêncio III deixou a Igreja como a instituição mais poderosa do Ocidente medieval. Sua figura representa o auge da visão teocrática do papado, que o via como árbitro universal entre os homens, uma vez que representava o próprio Cristo na Terra. Admirado por sua inteligência e criticado por alguns devido a sua postura inflexível de autoridade, Inocêncio III moldou o destino da Igreja e da Europa como poucos pontífices na história.

177º • HONÓRIO III | CENCIO SAVELLI | 1216–1227

Natural de Roma, Cencio Savelli, conhecido como Honório III, continuou as cruzadas e desempenhou um papel fundamental no fortalecimento das ordens mendicantes, como franciscanos e dominicanos, durante seu papado. Ele confirmou a Regra de São Francisco, consolidando o movimento franciscano como uma das principais forças espirituais e missionárias da Igreja. Além disso, Honório III incentivou ativamente a evangelização no Oriente e no Norte da Europa, ajudando a expandir a presença cristã em regiões ainda não completamente alcançadas pelo catolicismo. Seu papado foi marcado por um compromisso com a missão evangelizadora e com o aprimoramento da vida religiosa no contexto medieval.

178º • GREGÓRIO IX | UGOLINO DEI CONTI DI SEGNI | 1227–1241

Natural de Anagni, uma cidade situada na província de Frosinone, na região do Lácio, na Itália central, Ugolino dei Conti di Segni era sobrinho de Inocêncio III e foi papa durante um período de grandes transformações na Igreja. Ele canonizou São Francisco de Assis e São Domingos, reconhecendo a importância dessas figuras na reforma religiosa do século XIII. Gregório IX também promulgou as Decretais, um conjunto de normas que organizaram o direito canônico e ajudaram a estruturar a Igreja como uma instituição jurídica. Durante seu papado, ele criou o Tribunal da Inquisição,

Afresco representando a excomunhão de Frederico II por Gregório IX, por Giorgio Vasari (c. 1573)

IDADE MÉDIA (SÉCULOS VI – XV)

Gregório IX aprovando os decretos, por Rafael Sanzio (1511)

uma instituição com o objetivo de combater as heresias, ouvindo e colhendo o testemunho dos réus e daqueles que os defendiam. Além disso, enfrentou duras tensões com o imperador Frederico II, um conflito que caracterizou grande parte de seu pontificado, sendo um símbolo da luta pela independência papal frente ao poder secular.

O MARCO NO DIREITO CANÔNICO

As Decretais, promulgadas por papa Gregório IX, em 1234, foram uma coleção de decretos papais que organizaram e sistematizaram o direito canônico, consolidando a jurisprudência da Igreja Católica em um período de grande expansão e institucionalização. Essas normas abordavam questões essenciais da vida eclesiástica, incluindo o comportamento dos clérigos, a administração dos bens da Igreja e os procedimentos judiciais dentro da estrutura da Igreja. As Decretais também consolidaram o poder do papado ao estabelecer uma base legal sólida que reforçava a autoridade papal, especialmente em questões de disciplina eclesiástica e intervenção em disputas locais. Sua promulgação foi um marco na história do direito canônico, proporcionando uma referência jurídica central para a Igreja medieval e ainda influenciando a legislação da Igreja e mesmo dos tribunais civis até os dias atuais.

179º • CELESTINO IV | GOFFREDO CASTIGLIONE | 1241

Natural de Milão, Celestino IV teve um dos pontificados mais curtos da história, governando por apenas 17 dias. Ele foi eleito após um conclave extremamente tumultuado, que refletia a intensa luta de facções internas pelo controle do papado. Sua eleição foi marcada pela grande instabilidade da época, e ele faleceu antes de ser consagrado bispo, deixando o trono papal novamente vago e sem a possibilidade de realizar um impacto significativo em sua curta administração.

180º • INOCÊNCIO IV | SINIBALDO FIESCHI | 1243–1254

Natural de Gênova, Sinibaldo Fieschi, conhecido como Inocêncio IV, foi um grande jurista e líder papal que enfrentou com firmeza o imperador Frederico II. Devido a esse conflito, Inocêncio IV se refugiou em Lyon, de onde convocou o Primeiro Concílio de Lyon (1245), no qual excomungou o imperador e buscou reafirmar a autoridade papal diante do crescente poder imperial. Seu pontificado foi uma tentativa de reorganizar a estrutura eclesiástica, consolidando a influência da Igreja em meio à tensão com o império e as questões de supremacia entre o papado e o poder secular.

181º • ALEXANDRE IV | RINALDO CONTI | 1254–1261

Natural de Roma, Alexandre IV deu continuidade às políticas de seu predecessor, Inocêncio IV, especialmente na expansão da autoridade papal sobre os Estados da Igreja. Em seu papado, ele fortaleceu a Inquisição, buscando consolidar a ortodoxia católica e combater as heresias, além de apoiar a expansão das ordens mendicantes, como os franciscanos e os dominicanos. Seu governo foi marcado pela manutenção da centralização papal e pelo esforço de reforçar a influência eclesiástica, enfrentando os desafios do poder secular e das divisões internas na Igreja.

IDADE MÉDIA (SÉCULOS VI – XV)

182º • URBANO IV | JACQUES PANTALÉON | 1261–1264

Natural de Troyes, na França, Urbano IV foi eleito papa sem ser cardeal e em seu pontificado foi instituída a festa de Corpus Christi, em 1264, um importante ato de fortalecimento da devoção à Eucaristia na Igreja. Enquanto governou a Igreja, procurou equilibrar os conflitos entre o papado e o império, ao enfrentar questões políticas complicadas, buscando garantir a autoridade espiritual da Igreja. Urbano IV deixou uma importante contribuição litúrgica e espiritual à humanidade, lembrado principalmente pela promoção do culto eucarístico.

O CORAÇÃO DA FÉ CRISTÃ

A Eucaristia, também chamada de Santa Ceia ou Sacramento da Comunhão, é um dos sacramentos mais importantes e centrais na vida religiosa cristã.

Celebrada principalmente nas missas, a Eucaristia é vista como a renovação do sacrifício de Jesus Cristo na cruz, sendo o próprio corpo e sangue de Cristo. Durante a missa, os fiéis recebem a hóstia consagrada e o vinho, elementos que, ao serem consagrados pelo sacerdote, transformam-se no corpo e sangue de Cristo, em um fenômeno denominado transubstanciação. Este rito remonta à Última Ceia, quando Jesus deu o pão e o vinho a seus

A Glorificação da Eucaristia, por Peter Paul Rubens (c. 1632)

discípulos, e instituiu este sacramento como um meio de unir os fiéis em comunhão com Ele e o Pai.

Historicamente, a Eucaristia tem sido central não apenas na prática religiosa, mas também na formação da identidade cristã. Ao longo dos séculos, foram realizados concílios doutrinários e reformas litúrgicas, sendo a festa de Corpus Christi, instituída por papa Urbano IV, em 1264, uma das formas de consolidar a devoção pública à Eucaristia. A Igreja considera a Eucaristia não apenas um rito de adoração, mas um alimento espiritual, um meio de santificação, que fortalece a fé e a unidade da Igreja. É, portanto, mais do que um simples ato litúrgico: é a manifestação visível da presença real de Cristo na vida dos cristãos, que se renova a cada celebração.

183º • CLEMENTE IV | GUY FOULQUES | 1265-1268

Natural de Saint-Gilles, no sul da França, Guy Foulques, conhecido como Clemente IV, foi um papa fortemente envolvido nas complexas questões políticas do século XIII. Durante seu pontificado, deu apoio decisivo a Carlos de Anjou na luta contra os Hohenstaufen, a poderosa dinastia do Império Germânico. Esse apoio resultou na derrota e execução de Conradino, herdeiro imperial. Clemente IV consolidou a oposição papal ao poder germânico e defendeu com firmeza a independência e os interesses da Igreja.

Papa Clemente IV, por Giuseppe Franco (1617)

184º • BEATO GREGÓRIO X | TEOBALDO VISCONTI | 1271-1276

Natural de Piacenza, uma cidade situada na região da Lombardia, no norte da Itália, Gregório X, foi um papa reformista e diplomático, que se destacou por sua busca pela união da Igreja Católica com a Igreja Ortodoxa. Durante seu papado, convocou o Segundo Concílio de Lyon (1274), um evento crucial para aproximar as duas tradições cristãs, embora a união não tenha sido permanente. Além disso, Gregório X instituiu normas para os conclaves, que foram baseadas em seu próprio processo eleitoral, notável pela duração e rigor, a fim de garantir a independência e a imparcialidade na escolha do papa. Sua liderança foi fundamental na reorganização e fortalecimento da Igreja durante um período de grande instabilidade política e religiosa.

185º • SANTO INOCÊNCIO V | PEDRO DE TARANTÁSIA | 1276

Natural de Tarantasia, uma localidade que pertence à região da Sardenha, Pedro de Tarantásia, conhecido como Inocêncio V, foi o primeiro papa dominicano. Durante seu breve papado de apenas cinco meses, ele deixou clara a influência crescente das ordens mendicantes, como os dominicanos e os franciscanos, na Cúria Romana. Inocêncio V foi um teólogo brilhante, reconhecido por seu conhecimento profundo das escrituras e por sua busca de um papado mais alinhado à vida espiritual e à simplicidade pregada pelas ordens mendicantes. Apesar de sua

Gregório X e Marco Polo (1271)

curta duração no papado, ele representou a ascensão das ordens religiosas ao poder e à influência dentro da Igreja.

186º • ADRIANO V | OTTOBUONO FIESCHI | 1276

Natural de Gênova, Adriano V teve um papado com duração de apenas 29 dias. Ele foi escolhido como papa, mas morreu antes de ser ordenado bispo, tornando-se um dos raros papas não consagrados na história. Apesar da curta duração de seu pontificado, seu nome foi imortalizado por Dante Alighieri, que o menciona no "Inferno" de sua obra *A Divina Comédia*, embora com um erro cronológico em relação ao seu tempo. A sua eleição e morte prematura refletem a instabilidade da época, quando o papado passava por grandes conflitos internos e pressões externas.

187º • JOÃO XXI | PEDRO JULIÃO | 1276–1277

Natural de Lisboa, João XXI foi o único papa português até os dias de hoje. Médico de renome, destacou-se por sua formação intelectual e interesse nas áreas de ciência e filosofia, o que o levou a incentivar o desenvolvimento dos estudos universitários. Durante seu breve pontificado, João XXI procurou promover a educação e a reflexão filosófica dentro da Igreja. Tragicamente, ele faleceu após o teto de sua biblioteca desabar sobre ele, o que colocou fim a seu papado de apenas um ano. Sua morte prematura e as reformas que iniciou, embora limitadas, marcaram um ponto de reflexão sobre a relevância dos estudos científicos e filosóficos na Igreja.

188º • NICOLAU III | GIOVANNI GAETANO ORSINI | 1277–1280

Membro da poderosa família Orsini, Nicolau III usou seu papado como

Papa João XXI, Galeria dos Arcebispos de Braga

IDADE MÉDIA (SÉCULOS VI – XV)

uma ferramenta para fortalecer o poder de sua linhagem dentro da Igreja e na cidade de Roma. Apesar disso, ele também se destacou ao apoiar reformas administrativas dentro da Igreja e buscar retomar o controle papal sobre Roma, na época desafiado por várias facções locais. Nicolau III procurou restaurar a autoridade papal sobre a cidade e reorganizar a administração dos Estados Pontifícios. Seu pontificado, marcado por tensões internas e externas, teve um impacto significativo na centralização do poder papal na Itália central.

189º • Martinho IV | Simone de Brion | 1281–1285

Natural de Troyes, na França, Simone de Brion, conhecido como Martinho IV, foi um papa que governou sob forte influência da monarquia napolitana, especialmente do rei Carlos de Anjou, com quem tinha laços estreitos. Sua política anti-bizantina e a aliança com a monarquia napolitana contribuíram significativamente para o colapso da união entre as Igrejas de Roma e Constantinopla. Durante seu papado, Martinho IV procurou consolidar o poder papal na região, mas sua postura em relação ao Império Bizantino e as tensões com o Oriente marcaram negativamente sua liderança. Sua morte, em 1285, interrompeu o impacto de suas políticas, que haviam gerado divisões significativas dentro da Igreja e no cenário político europeu.

190º • Honório IV | Giacomo Savelli | 1285–1287

Natural de Roma, Honório IV foi eleito papa em um período de grande instabilidade política. Durante seu pontificado, deu apoio às universidades e incentivou o crescimento das ordens religiosas, especialmente os dominicanos e os franciscanos, reforçando sua contribuição para o fortalecimento da Igreja no campo espiritual e intelectual. No entanto, ele enfrentou dificuldades políticas, incluindo a disputa pela sucessão imperial e as revoltas sicilianas, provocadas pelos Vésperas Sicilianas (1282), um levante popular contra os invasores franceses. Seu governo, embora curto, procurou afirmar a autoridade papal em meio a tensões internas e externas.

Mosaico do papa Nicolau IV na Basílica de Santa Maria Maggiore, em Roma

191º • Nicolau IV | Girolamo Masci | 1288–1292

Natural de Lisciano Niccone, na região de Umbria, Nicolau IV foi o primeiro papa da Ordem Franciscana. Durante seu pontificado, ele incentivou as missões e a educação, promovendo a difusão da fé cristã e o fortalecimento das ordens mendicantes, especialmente a Ordem Franciscana. Nicolau IV também procurou fortalecer a Igreja em termos espirituais, mantendo boas relações com o Reino da França, que era um importante aliado na política europeia. Apesar de seus esforços, ele teve dificuldades políticas internas, enfrentando disputas dentro da Igreja e resistência à sua autoridade, o que limitou as ações de seu papado.

192º • São Celestino V | Pietro del Morrone | 1294

Natural de Isernia, na região de Molise (Itália), Celestino V foi eremita e fundador da ordem monástica dos celestinos. Eleito papa de forma relutante, após uma eleição que ocorreu em meio a uma grande crise de sucessão papal, anunciou renúncia voluntária após poucos meses de papado. Foi o primeiro papa a abdicar do cargo, o que causou grande surpresa e foi interpretado por muitos como um sinal de sua inaptidão para os rigores de uma função pontífice. Após deixar o papado, Celestino V passou seus últimos anos em reclusão. Posteriormente, foi canonizado pela Igreja Católica em reconhecimento à sua vida de humildade e devoção. Sua abdicação marcou um episódio único na história papal, sendo um ponto de reflexão sobre o papel do papado e o peso da liderança espiritual.

193º · BONIFÁCIO VIII | BENEDETTO CAETANI | 1294–1303

O PAPA QUE ENFRENTOU OS REIS DA FRANÇA E MARCOU O DECLÍNIO DA AUTORIDADE TEMPORAL DA IGREJA

Bonifácio VIII, nascido Benedetto Caetani, foi papa de 1294 a 1303, e protagonizou um dos momentos mais dramáticos da história do papado medieval. Inteligente, ambicioso e implacável, ele tentou reafirmar o poder absoluto da Igreja sobre os reis e governos da Europa, numa época em que o mundo estava mudando rapidamente. Seu pontificado marcou o último esforço grandioso pela supremacia papal sobre o poder secular — e também o começo de seu declínio.

Bonifácio sucedeu ao enigmático Celestino V, um eremita idoso que havia sido eleito de forma inesperada e renunciou poucos meses depois. A renúncia — algo inédito até então — foi incentivada por Bonifácio, que rapidamente assumiu o trono e procurou restaurar o prestígio e a centralização do poder pontifício. Em 1300, proclamou o primeiro Ano Santo Jubilar, convocando peregrinos de toda a cristandade a Roma, o que reforçou simbolicamente o papel da cidade como capital espiritual do Ocidente.

No entanto, seu pontificado ficou marcado pelos intensos conflitos com Felipe IV da França, conhecido como "o Belo", o mesmo que alguns anos mais tarde iria perseguir e caluniar os Cavaleiros Templários para confiscar seus bens e não pagar a enorme dívida que contraiu com a Ordem. Felipe IV, por meio de suas conexões políticas, conseguiu a supressão da Ordem Templária, prendeu, torturou e executou todos os membros. O último cavaleiro, o grão-mestre Jacques de Molay, em seu martírio final na fogueira, amaldiçoou Felipe, toda a França e várias profecias desde aquele episódio têm se cumprido.

O rei Felipe, desejando taxar o clero para financiar suas guerras, entrou em confronto direto com Bonifácio. A resposta do papa foi enérgica: em 1302, publicou a célebre bula *Unam Sanctam*, na qual afirmava que "é absolutamente necessário para a salvação que toda criatura humana esteja sujeita ao pontífice romano" — uma das afirmações mais radicais de supremacia papal jamais feitas.

Felipe respondeu com brutalidade. No ano seguinte, enviou tropas lideradas por Guillaume de Nogaret para prender o papa em Anagni, em um episódio conhecido como o "Atentado de Anagni". Bonifácio foi agredido fisicamente, preso por alguns dias e libertado após revolta popular, mas morreu semanas depois, humilhado e derrotado, em Roma. Sua morte simboliza o fim da era em que o papado comandava reis com autoridade incontestável.

Embora seja frequentemente lembrado por seu orgulho e rigidez, Bonifácio VIII também foi um jurista refinado e defensor feroz da independência e dignidade da Igreja. Contudo, seu estilo autoritário e sua incapacidade de lidar com as novas dinâmicas políticas da Europa contribuíram diretamente para o exílio da Cúria em Avignon, inaugurando um período de fragilidade papal que duraria décadas.

194º • BEATO BENTO XI | NICCOLÒ BOCCASINI | 1303–1304

Dominicano e moderado, assumiu o trono de Pedro logo após o turbulento pontificado de Bonifácio VIII. Tentou pacificar as relações com a coroa francesa após o atentado de Anagni e perdoou os envolvidos, com exceção dos mais diretamente culpados. Seu curto pontificado foi marcado por prudência e diplomacia.

IDADE MÉDIA (SÉCULOS VI – XV)

195º • CLEMENTE V | BERTRAND DE GOT | 1305–1314

O PAPA QUE DEIXOU ROMA E INICIOU O EXÍLIO DA IGREJA EM AVIGNON

Clemente V, nascido Bertrand de Got, foi eleito papa em 1305 após um longo conclave marcado por fortes pressões da monarquia francesa. Sua escolha foi vista como um compromisso político — ele era francês e não cardeal, o que surpreendeu muitos contemporâneos. Logo após sua eleição, em vez de viajar para Roma, Clemente decidiu ser coroado em Lyon e, poucos anos depois, transferiu a sede da Igreja para Avignon, no sul da França. Esse gesto daria início ao período conhecido como o "Cativeiro de Avignon" (1309–1377), durante o qual sete papas viveram sob forte influência da coroa francesa.

Clemente enfrentava uma Igreja abalada pelos conflitos entre seu antecessor, Bonifácio VIII, e o rei Felipe IV da França. Para evitar mais choques com o poder secular, optou por uma política conciliatória. Uma de suas decisões mais polêmicas foi não condenar formalmente os responsáveis pelo atentado de Anagni, apesar de ter anulado o processo contra Bonifácio após sua morte. Esse silêncio foi interpretado como submissão à monarquia francesa, o que afetou sua reputação em Roma e no mundo católico.

Outro ponto delicado de seu pontificado foi o processo contra os Cavaleiros Templários. Sob forte pressão de Felipe IV, Clemente extinguiu oficialmente a ordem em 1312, durante o Concílio de Vienne, mesmo com insuficiência de provas contra os cavaleiros. A perseguição e dissolução de uma ordem de prestígio, fiel à Igreja e criada por São Bernardo de Claraval, beneficiou diretamente o rei francês e lançou uma sombra sobre a independência do papa naquele momento.

Clemente também tentou, sem sucesso, organizar uma nova cruzada e reformar a administração eclesiástica. Seu papado se caracterizou por uma burocracia crescente e pela centralização das decisões na cúria avinhonesa. Embora tenha buscado estabilidade institucional, seu afastamento físico e político de Roma enfraqueceu a autoridade moral do papado e deu início a um longo período de desconfiança e fragmentação dentro da Igreja.

Morreu em 1314, sem conseguir restaurar a unidade plena da cristandade ocidental. Sua figura é lembrada como símbolo da acomodação do papado às dinâmicas do poder secular, abrindo caminho para o colapso institucional que viria no Cisma do Ocidente algumas décadas depois.

Hayton de Corycus perante o Papa Clemente V (c. 1400)

196º · JOÃO XXII | JACQUES D'EUSE | 1316–1334

O PAPA QUE CONSOLIDOU O PAPADO EM AVIGNON E ENFRENTOU HEREGES, REIS E FRADES

João XXII, nascido Jacques D'Euse, foi eleito papa em 1316 e permaneceu no trono de Pedro até sua morte, em 1334. Foi o segundo papa do exílio em Avignon, e seu longo pontificado se destacou por uma gestão centralizadora, conflitos doutrinários intensos e confrontos tanto com imperadores quanto com setores da própria Igreja. Embora tenha sido um administrador capaz e reformador eficaz da cúria romana, também deixou marcas controversas no campo da teologia e da política.

Instalado definitivamente em Avignon, João XXII fortaleceu a estrutura administrativa da Igreja e aumentou o poder da burocracia papal. Instituiu taxas regulares sobre dioceses e fortaleceu os mecanismos de controle sobre nomeações eclesiásticas, criando o que muitos historiadores chamam de um "papado fiscal". Essa centralização gerou críticas, mas também eficiência administrativa, garantindo recursos para a cúria e financiamento de campanhas religiosas.

No plano teológico, entrou em conflito direto com setores da Ordem Franciscana, especialmente com os "espirituais", que defendiam a pobreza absoluta de Cristo e dos apóstolos. João XXII condenou essas posições como heréticas, reafirmando que a Igreja podia possuir bens e exercer autoridade temporal. Essa disputa revelou tensões entre o ideal evangélico e a estrutura institucional da Igreja. Diversos franciscanos foram perseguidos ou excomungados, e a tensão com ordens mendicantes se intensificou.

Um dos episódios mais polêmicos de seu pontificado foi a discussão sobre a visão beatífica — a doutrina que define quando as almas dos justos veem Deus após a morte. João XXII defendeu publicamente que isso não aconteceria até o juízo final, contrariando o ensinamento tradicional de que a visão ocorria logo após a morte. A controvérsia provocou escândalo e forte oposição dentro da Igreja. Embora ele tenha recuado no fim da vida, o episódio abalou sua imagem e influenciou debates teológicos por décadas.

João XXII também travou uma disputa acirrada com Luís IV da Baviera, imperador do Sacro Império, sobre quem tinha autoridade para nomear e legitimar imperadores. Luís chegou a invadir Roma e nomear um antipapa, intensificando a crise entre o trono e o altar. Essa tensão simbolizava o esvaziamento do ideal teocrático papal e antecipava o enfraquecimento da influência de Avignon sobre a Europa.

Papa João XXII recebe o escapulário, por Amedeo Enz (1679)

Apesar das controvérsias, João XXII foi um papa de inteligência notável e grande capacidade organizacional. Sua gestão moldou as bases do papado de Avignon por décadas, mas seu legado é ambíguo: foi ao mesmo tempo defensor da autoridade pontifícia e figura central em algumas das maiores crises doutrinárias da Igreja medieval.

197º • BENTO XII | JACQUES FOURNIER | 1334–1342

Natural de Saverdun, na França, Jacques Fournier, conhecido como Bento XII, foi um membro da Ordem Cisterciense e teólogo respeitado. Durante seu pontificado, ele iniciou a construção do imponente Palácio Papal de Avignon, que se tornou a sede do papado durante o exílio. Embora tenha se esforçado para reformar os costumes da cúria romana e promover um retorno do papado a Roma, enfrentou grande resistência política e interna. Bento XII também procurou consolidar a autoridade papal, enfrentando divisões internas da Igreja e a forte interferência de potências seculares. Seu papado foi marcado por tentativas de fortalecer a disciplina eclesiástica, embora os desafios políticos e a permanência do papado em Avignon tenham dificultado suas reformas.

Papa Bento XII, por Henri Auguste César Serrur (1850)

O PONTIFICADO FRANCÊS

O Palácio Papal de Avignon, localizado na cidade de Avignon, no sul da França, é uma das residências papais mais icônicas da história, especialmente durante o papado de Avignon, que durou de 1309 a 1377. Este período começou quando o papa Clemente V decidiu transferir a sede papal para Avignon devido a tensões políticas em Roma. O palácio foi construído no século XIV, inicialmente por Clemente V e ampliado por seus sucessores, como João XXII e Bento XII.

A estrutura imponente e fortificada do palácio simboliza o poder temporal da Igreja durante o papado em Avignon, e sua construção foi, em parte, uma resposta à necessidade de maior segurança em um contexto de instabilidade política. O palácio possui várias capelas, salões, pátios e apartamentos papais, que foram decorados ao longo dos anos. Durante o papado de Avignon, o palácio foi o centro da administração da Igreja Católica e um ponto crucial de poder político e religioso. O palácio também foi palco de muitos eventos históricos significativos, incluindo a promoção de concílios e decretos papais.

Hoje, o Palácio Papal de Avignon é uma das maiores atrações turísticas da cidade e é considerado um Patrimônio Mundial da Humanidade pela UNESCO. Ele é um símbolo importante da história medieval e da relação entre o papado e a monarquia francesa, além de ser um marco da arquitetura gótica. A história do palácio e do papado em Avignon continua a ser um tema de estudo, refletindo a complexidade das relações políticas e religiosas da época.

198º • CLEMENTE VI | PIERRE ROGER | 1342–1352

Pierre Roger nasceu em Maumont, na França, e ficou conhecido como Clemente VI, uma figura carismática e generosa durante seu papado. Governando durante o auge da Peste Negra, ele se destacou por oferecer refúgio e assistência aos doentes e tentar mitigar os impactos da pandemia. Clemente VI também ampliou a corte papal, estabelecendo uma grande corte em Avignon, e comprou a cidade de Avignon para a Santa Sé, consolidando o papado no exílio. Além disso, concedeu indulgências para financiar obras e a expansão da sede papal. No entanto, seu luxo e favoritismo em relação à nobreza e a Igreja foram criticados, o que contribuiu para a percepção negativa de sua gestão, apesar das ações benéficas que tomou durante a peste.

199º • Inocêncio VI | Étienne Aubert | 1352–1362

Natural de La Chaise-Dieu, na França, Inocêncio VI foi um papa rigoroso e dedicado a reformas administrativas na cúria romana. Ele combateu abusos e o nepotismo, buscando restaurar a moralidade e a disciplina na Igreja. Durante seu papado, teve um papel fundamental no fortalecimento da autoridade papal na França e apoiou o retorno de Roma à obediência pontifícia, contando com a ajuda do cardeal Albornoz, que foi responsável pela reconquista do território papal. Sua liderança procurou equilibrar a política interna da Igreja com as complexas relações diplomáticas da época, consolidando o poder papal em um momento de instabilidade.

200º • Beato Urbano V | Guillaume de Grimoard | 1362–1370

Natural de Grizac, na França, Urbano V foi um monge beneditino dedicado à reforma do clero e à educação. Durante seu pontificado, ele tentou retornar a sede do papado a Roma, onde residiu por três anos, mas acabou voltando a Avignon devido à pressão política. Urbano V procurou fortalecer sua autoridade e promoveu reformas significativas no clero, além de apoiar as universidades, especialmente na Itália. Urbano V preocupou-se com a moralidade e a integridade dentro da Igreja e era respeitado por sua integridade pessoal, mas a instabilidade política, as tensões com o império e as facções internas dificultaram que este consolidasse o poder papal em Roma.

201º • GREGÓRIO XI | PIERRE ROGER DE BEAUFORT | 1370-1378

O PAPA QUE TROUXE A IGREJA DE VOLTA A ROMA E SEMEOU O TERRENO PARA O GRANDE CISMA

Gregório XI, nascido Pierre Roger de Beaufort, foi eleito papa em 1370 e permaneceu no cargo até sua morte em 1378. Era sobrinho do influente papa Clemente VI e o último de uma sucessão de papas franceses que governaram a Igreja a partir de Avignon, no sul da França — um período de 70 anos conhecido como o "Cativeiro Babilônico da Igreja". Seu pontificado ficou marcado por uma tentativa corajosa, porém conturbada, de restaurar a presença papal em Roma.

Papa Gregório XI (1750)

IDADE MÉDIA (SÉCULOS VI – XV)

Apesar de estar profundamente ligado a corte francesa e de sua formação teológica refinada, Gregório enfrentava uma crescente pressão para retornar a Roma. A ausência do papa na cidade havia prejudicado o prestígio espiritual de Roma e alimentado tensões com o povo romano, com a nobreza local e com diversos setores da cristandade, especialmente a Itália. Foi decisiva, nesse contexto, a influência de Santa Catarina de Sena, que, em cartas e encontros pessoais, exortou o papa a reassumir seu lugar na sede apostólica de Pedro.

Atendendo aos apelos espirituais e diante do colapso da autoridade papal na Península Itálica, Gregório XI retornou a Roma em 1377, após mais de sete décadas de ausência. O gesto foi celebrado como um retorno à legitimidade e à tradição apostólica, mas trouxe à tona divisões mal resolvidas. A administração papal em Roma enfrentava resistência, e a transição de Avignon para Roma gerou instabilidade tanto entre os cardeais quanto entre os poderes europeus.

Pouco tempo depois, em março de 1378, Gregório XI faleceu em Roma. A escolha de seu sucessor — sob pressão do povo romano para eleger um italiano — desencadeou um dos episódios mais caóticos da história da Igreja: o Cisma do Ocidente. A eleição de Urbano VI foi contestada por parte dos cardeais, que elegeram um antipapa em Avignon. Durante quase 40 anos, dois (e depois três) papas coexistiram, com reinos europeus divididos em sua fidelidade.

Gregório XI, portanto, tem um legado paradoxal. Por um lado, foi o papa que restaurou a dignidade geográfica do papado em Roma. Por outro, sua morte imediata e a instabilidade que cercou seu retorno abriram as portas para uma das maiores fraturas internas da Igreja, que só seria resolvida décadas depois, no Concílio de Constança. Sua figura é lembrada como símbolo da tensão entre espiritualidade e política, unidade e fragmentação.

202º • URBANO VI | BARTOLOMEO PRIGNANO | 1378–1389

Natural de Itria, na região de Nápoles, Bartolomeo Prignano, conhecido como Urbano VI, foi eleito papa logo após o retorno da sede a Roma, após décadas em Avignon. Seu temperamento autoritário e suas ações agressivas em relação ao colégio cardinalício causaram uma ruptura interna significativa. Em resposta à sua liderança, uma facção do colégio cardinalício o desafiou, elegendo um antipapa em Avignon, dando início ao Cisma do Ocidente. Durante seu pontificado, o papado foi dividido, com dois papas

Casolani, Entrega das chaves do Castelo de Santo Ângelo ao Papa Urbano VI e ao Beato Andrea Gallerani, por Alessandro Casolani (1582)

rivais reivindicando autoridade, gerando uma profunda crise na Igreja e criando divisões duradouras no cristianismo medieval. A tensão política e eclesiástica foi um marco do seu papado, que representou um período de instabilidade para o papado romano.

PONTIFICADO DIVIDIDO

O Cisma do Ocidente foi uma divisão crucial na Igreja Católica, ocorrida entre 1378 e 1417, que resultou na existência de dois, e posteriormente três papas rivais. A crise começou após a eleição de Urbano VI, cuja autoridade foi contestada por uma facção do colégio cardinalício, que alegava ter sido inválida sua eleição. Em resposta, os cardeais elegeram Clemente VII, criando um papado rival em Avignon. Esse cisma não apenas dividiu a Igreja, mas também teve repercussões políticas significativas, com diferentes monarquias e estados europeus se alinhando a um ou outro papado, conforme seus próprios interesses.

O cisma teve efeitos duradouros na credibilidade e na autoridade da Igreja, uma vez que os cristãos se viam divididos entre as lealdades ao papa de Roma e ao papa de Avignon. Durante os 40 anos de cisma, a Igreja enfrentou um dilema constante sobre qual papa era legítimo, o que enfraqueceu a unidade e a liderança espiritual da cristandade. O cisma só foi resolvido em 1417, no Concílio de Constança, que depôs ambos os papas rivais e elegeu Martinho V, restaurando a unidade do papado sob uma única autoridade.

203º • BONIFÁCIO IX | PIETRO TOMACELLI | 1389–1404

Natural de Nápoles, Pietro Tomacelli, conhecido como Bonifácio IX, governou em Roma durante o tumultuoso período do Cisma do Ocidente. Seu pontificado teve como destaque a luta constante para consolidar sua legitimidade frente à divisão da Igreja e à eleição de antipapas rivais. Bonifácio IX procurou fortalecer o controle papal sobre os Estados Pontifícios, promovendo uma gestão política eficaz e reafirmando a autoridade de Roma. Apesar das dificuldades e da divisão eclesiástica, ele implementou políticas para financiar projetos da Igreja, incluindo a venda de indulgências. Seu pontificado também foi um período de instabilidade, mas ele conseguiu manter sua posição como líder da Igreja Católica, embora a crise interna persista por muitos anos.

204º • Inocêncio VII | Cosimo Gentile Migliorati | 1404–1406

Inocêncio VII nasceu em Sulmona, na Itália. Teve um pontificado marcado pela turbulência interna e os desafios políticos. Enfrentou revoltas em Roma e a pressão constante dos partidários do antipapa, que dificultaram sua governança. Durante seu pontificado, ele tentou mediar o cisma que dividia a Igreja, mas a instabilidade local e as disputas políticas limitaram seus esforços. Inocêncio VII procurou restaurar a ordem e a autoridade papal,

mas seu curto papado não conseguiu resolver as divisões profundas entre os papas rivais, e ele morreu antes de conseguir implementar soluções duradouras para a crise.

205º • Gregório XII | Angelo Correr | 1406–1415

Natural de Veneza, Angelo Correr, conhecido como Gregório XII, foi eleito papa durante o conturbado período do Cisma do Ocidente, no qual múltiplos papas reivindicavam legitimidade. Seu pontificado foi dominado por esforços para restaurar a unidade da Igreja, dividida entre Roma, Avignon e Pisa. Pressionado por cardeais e potências europeias, prometeu abdicar caso o antipapa fizesse o mesmo, mas as negociações falharam inicialmente. Em 1415, com o avanço do Concílio de Constança, abdicou voluntariamente para permitir a eleição de um único papa reconhecido por todos. Sua renúncia facilitou a escolha de Martinho V e marcou o fim oficial do cisma. Gregório XII é lembrado por seu gesto conciliador em prol da unidade eclesial.

IDADE MÉDIA (SÉCULOS VI – XV)

206º • MARTINHO V | ODDONE COLONNA | 1417–1431

O PAPA DA RESTAURAÇÃO: UNIDADE, ROMA E RECONSTRUÇÃO DA AUTORIDADE PAPAL

Martinho V, nascido Oddone Colonna, foi eleito papa em 1417 durante o Concílio de Constança, encerrando formalmente o Cisma do Ocidente — um dos períodos mais caóticos da história da Igreja, durante o qual três papas reivindicavam simultaneamente a autoridade de Pedro. Seu pontificado, que durou até 1431, simbolizou o fim de uma era de fragmentação e o início de uma lenta, mas decisiva, restauração da estabilidade e da imagem moral do papado.

A eleição de Martinho ocorreu após manobras diplomáticas delicadas. O Concílio de Constança havia conseguido depor ou invalidar os três papas em exercício (Gregório XII, Bento XIII e João XXII), mas precisava de uma figura conciliadora e respeitável para reunificar a Igreja. Oddone Colonna, membro de uma das famílias mais tradicionais de Roma e bem-visto por diversas nações europeias, foi escolhido por consenso como o novo pontífice legítimo.

Seu primeiro desafio foi restaurar a autoridade da Sé Romana, tanto espiritual quanto materialmente. Roma, devastada por anos de abandono, conflitos e falta de governança, estava em ruínas físicas e morais. Martinho V empreendeu reformas administrativas, reconstruiu igrejas, reorganizou os bens eclesiásticos e restabeleceu o controle papal sobre os Estados Pontifícios. Também restabeleceu a corte papal em Roma de forma definitiva, encerrando qualquer intenção de retorno a Avignon.

No campo político, Martinho buscou restabelecer relações diplomáticas com os principais reinos europeus, retomando a centralidade da Santa Sé nos assuntos internacionais. Apesar de ter sido eleito por um concílio, ele rejeitou o princípio conciliarista (a ideia de que um concílio ecumênico teria autoridade superior ao papa), reafirmando a primazia da figura pontifícia — ponto que continuaria em disputa nos séculos seguintes.

Martinho também enfrentou desafios internos, como o movimento hussita na Boêmia, inspirado nas ideias de Jan Hus, que havia sido condenado no próprio

Papa Martinho V, por Antonio Pisanello (1450)

Concílio de Constança. Embora tenha tentado negociar, acabou apoiando campanhas militares contra os hussitas, marcando o início de um endurecimento no combate às heresias e às reformas locais.

Ao morrer, em 1431, Martinho V deixava uma Igreja reunificada, centrada novamente em Roma e com o papado reabilitado como figura de referência para a cristandade. Seu nome permanece associado à ideia de restauração: da autoridade, da unidade e da confiança no papado após décadas de escândalo, conflito e divisão.

207º • Eugênio IV | Gabriele Condulmer | 1431–1447

Natural de Veneza, Gabriele Condulmer, conhecido como Eugênio IV, foi um papa que enfrentou uma forte oposição no Concílio de Basileia. O concílio tentou limitar o poder papal em favor de uma maior autoridade dos concílios, o que gerou um confronto direto entre Eugênio IV e as facções presentes no concílio. Para reverter essa situação, Eugênio IV transferiu o concílio para Ferrara e depois para Florença, onde procurou fortalecer a unidade da Igreja e buscar uma reconciliação com a

Igreja Ortodoxa, uma das grandes ambições do seu pontificado. Apesar das tensões políticas e eclesiásticas, Eugênio IV manteve a integridade da autoridade papal, consolidando sua posição como defensor da supremacia pontifícia.

208º • Nicolau V | Tommaso Parentucelli | 1447–1455

Natural de Sarzana, na Itália, Tommaso Parentucelli, conhecido como Nicolau V, foi um papa humanista e intelectual que se destacou por suas contribuições à cultura e ao Renascimento. Considerado o primeiro papa do Renascimento, ele incentivou as artes, a arquitetura e a recuperação de manuscritos antigos, consolidando o papado como um centro cultural de grande importância. Durante seu papado, iniciou a reconstrução da Basílica de São Pedro, um dos maiores projetos arquitetônicos da época, e fundou a Biblioteca do Vaticano, que se tornaria uma das bibliotecas mais importantes do mundo. Nicolau V foi também um defensor do estudo e preservação do conhecimento antigo, promovendo um renascimento intelectual que impactaria a Igreja e a cultura ocidental por séculos.

Papa Nicolau V, por Peter Paul Rubens (c. 1616)

209º • CALISTO III | ALFONSO DE BORJA | 1455–1458

Natural de Xàtiva, na Espanha, Calisto III foi o primeiro papa da Casa de Bórgia. Durante seu pontificado, ele se destacou por sua decisão de reabilitar Joana d'Arc, que havia sido injustamente condenada à morte décadas antes. Seu papado também foi marcado pela convocação de uma cruzada contra os turcos otomanos, após a queda de Constantinopla em 1453, tentando conter o avanço muçulmano na Europa. Calixto III também teve um papel significativo em fortalecer a presença da Igreja nos reinos ibéricos, consolidando sua influência na península ibérica durante um período de expansão religiosa e territorial.

Papa Callisto III, por Vicente Juan Masip (1568)

JOANA D'ARC E SUA RESTAURAÇÃO

Joana d'Arc, camponesa nascida em 1412, desempenhou um papel crucial na história da França durante a Guerra dos Cem Anos. Convencida de que foi escolhida por Deus para libertar seu país, ela inspirou as tropas francesas com sua liderança, o que levou à coroação de Carlos VII como rei da França em 1429. No entanto, após ser capturada pelos borgonheses, aliados dos ingleses, Joana foi julgada por heresia e bruxaria e queimada na fogueira em 1431, com apenas 19 anos.

Décadas após sua morte, Joana foi reabilitada. Em 1456, sob o papado de Calixto III, um novo julgamento foi realizado, o qual anulou as acusações de heresia e bruxaria, reconhecendo que ela havia sido injustamente condenada. Joana foi finalmente canonizada em 1920 pelo Papa Bento XV, sendo considerada uma mártir e uma das maiores heroínas da história da França. Sua restauração simboliza não só a retificação de uma injustiça histórica, mas também a celebração de seu legado como símbolo de coragem e fé.

Joana d'Arc, retratada a cavalo, por Jean Pichore (1506)

210º • PIO II | ENEA SILVIO PICCOLOMINI | 1458–1464

O PAPA HUMANISTA QUE CONCILIOU O MUNDO CLÁSSICO COM A MISSÃO DA IGREJA

Pio II, nascido Enea Silvio Piccolomini, foi papa entre 1458 e 1464 e é lembrado como uma das figuras mais curiosas e complexas do Renascimento católico. Diplomata, poeta, historiador e teólogo, foi o único papa a escrever uma autobiografia completa, obra que revela não apenas os bastidores da política eclesiástica, mas também os conflitos internos de um intelectual que transitava entre o humanismo e a fé. Sua vida e pontificado espelham as tensões culturais do século XV.

Papa Pio II, por Cristofano dell'Altissimo

Papa Pio II no Congresso de Mântua, por Bernardino Pinturicchio (c. 1508)

TODOS OS PAPAS DA HISTÓRIA

Antes de tornar-se papa, Enea Silvio teve uma vida marcada por atividades seculares. Viajou amplamente como secretário e diplomata, servindo em cortes imperiais e eclesiásticas, e chegou a defender o conciliarismo, ideia segundo a qual os concílios gerais tinham autoridade superior ao papa — posição que depois abandonaria por completo. Era um renomado escritor em latim, cujas obras circularam por toda a Europa, incluindo poesias, novelas e tratados políticos.

Como pontífice, Pio II procurou restaurar o prestígio do papado após o Concílio de Basileia e os efeitos do Cisma do Ocidente. Trabalhou para reafirmar a supremacia papal e conter as influências do pensamento conciliar. Reuniu sínodos, promoveu reformas administrativas e condenou o avanço do Império Otomano, especialmente após a queda de Constantinopla em 1453, que abalara o mundo cristão. Seu projeto mais ambicioso foi a organização de uma nova cruzada contra os turcos, mas apesar dos esforços, fracassou por falta de apoio dos reinos europeus.

No plano cultural, foi um mecenas das artes e do urbanismo. Transformou sua cidade natal, Corsignano, em um modelo de cidade renascentista, rebatizando-a como Pienza — nome derivado de seu título papal. As reformas arquitetônicas e urbanas da cidade são um marco do ideal de harmonia entre fé, razão e beleza, característico do Renascimento.

Pio II morreu em Ancona, em 1464, aguardando em vão o embarque das forças cristãs para a cruzada que jamais se concretizou. Sua morte simboliza tanto a grandiosidade visionária quanto as limitações práticas do papado renascentista. Ficou na história como um intelectual brilhante, um pontífice reformador e um homem dividido entre os valores clássicos e a missão espiritual.

A Adoração do Menino Jesus, por Jacob Cornelisz (c. 1515)

CAPÍTULO 7
RENASCENÇA E REFORMA (SÉCULOS XV – XVII)

Com a chegada da Renascença, os papas passaram a atuar como mecenas das artes e da arquitetura, transformando Roma em um dos centros culturais do mundo. Nomes como Sisto IV, Júlio II e Leão X comandaram vastas campanhas artísticas e urbanísticas, financiando obras de Michelangelo, Rafael e Bramante. Essa aliança com o esplendor artístico, no entanto, veio acompanhada de escândalos, nepotismo e uma percepção crescente de decadência moral no alto clero.

Foi nesse contexto que surgiu a Reforma Protestante. Martinho Lutero, monge agostiniano e revoltado com a autoridade da Igreja, promoveu em 1517 uma divisão ao fixar um panfleto na igreja do Castelo de Wittenberg com supostos crimes da Igreja Católica. A atitude cismática logo se

A criação de Adão, por Michelangelo (c. 1511)

tornou carnificina, e suas ideias rapidamente se espalharam, desafiando a autoridade papal. Os papas, inicialmente rígidos na repressão, acabaram convocando o Concílio de Trento (1545–1563), que definiu os rumos da Contrarreforma. A Igreja reafirmou sua doutrina, reformou estruturas internas e fortaleceu a catequese, os sacramentos e o papel da liturgia.

Ao mesmo tempo, a expansão marítima e colonial levou o cristianismo a novos continentes. Os papas começaram a atuar como autoridades globais, apoiando missionários em territórios recém-descobertos. Esse período, embora turbulento, consolidou a Igreja como uma potência intelectual, espiritual e cultural — agora em conflito direto com a modernidade nascente.

211º • PAULO II | PIETRO BARBO | 1464–1471

Natural de Veneza, foi um papa que deixou um legado ambíguo. Embora tenha sido um grande apoiador das artes e do embelezamento de Roma, promovendo um renascimento cultural, ele também ficou marcado por sua oposição ao nepotismo e pela dissolução da Academia Romana, uma instituição cultural que ele considerava uma ameaça à estabilidade do papado. Sua política pontifícia oscilou entre o incentivo à cultura renascentista e um conservadorismo religioso, refletindo o equilíbrio delicado que ele tentou manter entre as mudanças culturais da época e a tradição da Igreja. Paulo II também teve um papel importante na reconstrução da cidade e na promoção de sua imagem como centro do cristianismo.

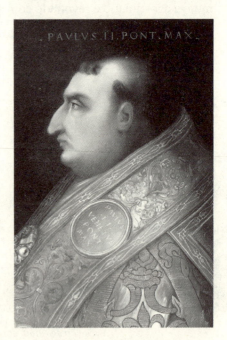

Papa Paulo II, por Cristofano dell'Altissimo

212º · SISTO IV | FRANCESCO DELLA ROVERE | 1471–1484

Natural de Ceglie Messapica, na Itália, foi um dos papas mais emblemáticos do Renascimento. Membro da Ordem Franciscana, ele foi responsável pela construção da Capela Sistina, um dos maiores marcos da arte cristã, que leva seu nome e permanece até hoje como um ícone da pintura e arquitetura renascentista. Além disso, incentivou o mecenato artístico, promovendo grandes artistas da época e contribuindo para o florescimento cultural que caracterizou o papado no período renascentista.

A IGREJA E O RENASCIMENTO

A Capela Sistina, localizada no Vaticano, é frequentemente vista como um dos maiores exemplos da conexão entre a Igreja Católica e o Renascimento. Pintada por Michelangelo, a capela é considerada um dos marcos mais emblemáticos do Renascimento, com seu teto, que traz cenas bíblicas famosas, como a Criação de Adão. A Igreja Católica, de fato, desempenhou um papel crucial no apoio à arte e à cultura durante esse período, com vários pontificados promovendo o mecenato artístico. No entanto, é importante entender que, embora a Igreja tenha sido uma grande patrona da arte renascentista, também houve muitos conflitos internos e tensões políticas durante o Renascimento, pois estavam já plantadas nesse movimento ideias da Idade Moderna que tiravam Deus como centro das ações humanas, substituindo o Homem como centro de si mesmo, o chamado Antropocentrismo.

Desde 1492, a Capela Sistina se tornou também o local onde ocorre o Conclave, a eleição papal, um ritual que une as práticas religiosas com o poder político da Igreja. A escolha da Capela Sistina como sede para essas eleições não é meramente simbólica; ela também representa uma mistura de fé e poder temporal, em um momento histórico em que o papado buscava reforçar sua autoridade não apenas sobre os assuntos espirituais, mas também sobre as questões políticas e sociais da Europa. No entanto, o mecenato papal e o apoio da Igreja ao Renascimento não devem ser vistos como uma plena aliança entre a Igreja e o movimento, mas sim como uma conveniência política. Embora papas como Júlio II e Leão X tenham promovido grandes artistas, a Igreja também enfrentou dificuldades internas, como disputas teológicas e tensões com as novas ideias que surgiam, representadas, por exemplo, pela Reforma Protestante. Portanto, embora a Capela Sistina seja um exemplo da arte renascentista dentro da Igreja, também serve como um lembrete das complexas e ambíguas relações entre fé, poder e cultura durante esse período.

O julgamento final (parte da Capela Sistina), por Michelangelo (c. 1541)

213º • INOCÊNCIO VIII | GIOVANNI BATTISTA CIBO | 1484–1492

Giovanni Battista Cibo, natural de Gênova, foi eleito papa em 1484, em um momento de intensas transformações políticas e culturais na Europa. Seu pontificado ficou marcado pela promulgação da bula *Summis desiderantes affectibus* (1484), que deu respaldo legal à Inquisição para perseguir casos de bruxaria, especialmente na Alemanha. Essa medida, apoiada por inquisidores como Heinrich Kramer, contribuiu para a intensificação da caça às bruxas nos séculos seguintes.

Inocêncio VIII também se destacou pela crescente politização da Santa Sé, promovendo alianças dinásticas por meio de casamentos arranjados entre famílias nobres italianas e estrangeiras, inclusive reconhecendo publicamente filhos ilegítimos — algo incomum até então. Ele buscou consolidar o poder temporal do papado em meio às rivalidades entre as potências cristãs, como Nápoles, França e o império. Durante seu governo, também considerou a expansão otomana como uma ameaça e tentou organizar cruzadas contra os turcos, com pouco sucesso prático.

Embora tenha incentivado o mecenato artístico e mantido relações com figuras do Renascimento, como Lorenzo de Médici, seu papado foi mais notoriamente associado ao uso estratégico do poder eclesiástico para fins políticos. Seu governo reflete o crescente entrelaçamento entre Igreja e política secular às vésperas da Reforma.

Papa Inocêncio VIII

Exame de uma Bruxa, por Tompkins Matteson (c. 1853)

CAÇA ÀS BRUXAS

A bula *Summis desiderantes*, de 1484, foi emitida por Inocêncio VIII em resposta à crescente histeria sobre bruxaria na Alemanha. Embora a Igreja tratasse tradicionalmente a feitiçaria como superstição, a bula autorizou investigações e punições eclesiásticas nos casos em que houvesse ameaça à fé. Ela foi usada por Heinrich Kramer para legitimar o *Malleus Maleficarum*, manual que exagerava o perigo da bruxaria e defendia métodos brutais, apesar de não ter recebido aprovação oficial da Igreja. Dirigida ao clero alemão, a bula reforçou práticas já influenciadas por pressões locais e conflitos políticos. Na mesma época, protestantes também iniciaram perseguições violentas contra católicos e supostos feiticeiros, intensificando o clima de intolerância.

214º • ALEXANDRE VI | RODRIGO BÓRGIA | 1492–1503

O PAPA BÓRGIA: PODER, ESCÂNDALO E A FACE SOMBRIA DO RENASCIMENTO ECLESIÁSTICO

Alexandre VI, nascido Rodrigo Bórgia, foi papa entre 1492 e 1503 e ocupa um lugar singular na história da Igreja: é amplamente considerado um dos pontífices mais corruptos e escandalosos, mas também um mestre da diplomacia e do exercício político. Membro da poderosa e ambiciosa família espanhola Bórgia, chegou ao trono de Pedro após uma eleição disputada e marcada por denúncias de simonia — a compra de votos no conclave.

Uma vez no poder, Alexandre transformou o papado em uma máquina de consolidação familiar e política. Nomeou seus filhos — especialmente

Papa Alexandre VI, por Pedro Berruguete (c. 1495)

Cesare Bórgia — para cargos e funções estratégicas, e usou a influência papal para garantir alianças, territórios e casamentos vantajosos. Sua filha Lucrécia Bórgia tornou-se figura de lenda renascentista, embora muitos dos escândalos ligados a ela sejam fruto de exageros históricos e rivalidades políticas.

Seu pontificado coincidiu com o auge do Renascimento italiano, e ele soube usar a estética e o aparato simbólico para reforçar a autoridade papal. Embelezamento de Roma, obras públicas e promoção das artes faziam parte de sua estratégia de governo, mas tudo isso foi ofuscado pela imagem de um papa envolvido em festas, amantes, filhos ilegítimos e alianças com famílias aristocráticas decadentes. A própria imagem da Igreja sofreu danos profundos durante seu governo, e seu nome tornou-se sinônimo de decadência moral clerical.

Paradoxalmente, Alexandre VI também atuou em momentos decisivos para a expansão da cristandade. Foi sob seu pontificado que se firmou o Tratado de Tordesilhas (1494), dividindo o mundo entre Espanha e Portugal para fins de evangelização — decisão que impactaria diretamente a história das Américas e da expansão missionária. Também apoiou campanhas militares de contenção a invasões estrangeiras na Península Itálica.

Alexandre morreu em 1503, provavelmente envenenado — embora essa causa nunca tenha sido comprovada. Seu corpo foi inicialmente enterrado sem grandes honras, e sua memória atravessou séculos marcada por infâmia. No entanto, nas últimas décadas, historiadores têm buscado reavaliar seu legado, distinguindo o homem político do mito corrupto, e reconhecendo que, apesar dos escândalos, foi um papa profundamente hábil no uso do poder em um tempo brutal e instável.

215º • PIO III | FRANCESCO TODESCHINI-PICCOLOMINI | 1503

Sobrinho de Pio II e humanista respeitado, foi eleito em meio a disputas intensas na Cúria Romana. Seu pontificado, no entanto, durou apenas 26 dias, encerrando-se com sua morte antes mesmo de consolidar qualquer política significativa.

216º • JÚLIO II | GIULIANO DELLA ROVERE | 1503-1513

O PAPA GUERREIRO QUE COMANDOU EXÉRCITOS E CONSTRUIU A GRANDEZA ARTÍSTICA DO VATICANO

Júlio II, nascido Giuliano della Rovere, foi papa de 1503 a 1513 e se destacou como uma das figuras mais fortes, carismáticas e combativas do Renascimento. Conhecido como "o papa guerreiro", governou a Igreja como um estadista determinado a restaurar a autoridade papal tanto espiritual quanto territorialmente. Seu pontificado foi uma mistura singular de poder militar, diplomacia agressiva e extraordinário patrocínio artístico, deixando marcas profundas na história da Igreja e da cultura ocidental.

Papa Júlio II, por Rafael Sanzio (1511)

Desde antes de sua eleição, Giuliano della Rovere já era uma figura influente, sobrinho do papa Sisto IV e cardeal poderoso por décadas. Ao chegar ao trono papal, sua prioridade foi libertar os Estados Pontifícios das mãos de senhores locais e forças estrangeiras. Para isso, não hesitou em liderar pessoalmente campanhas militares, vestindo armadura e montando a cavalo — um gesto impensável em outros tempos. Lutou contra os franceses, venezianos e diversas potências da Itália em busca de restaurar o domínio total do papado sobre seus territórios.

Mas Júlio II não foi apenas um comandante militar. Seu legado mais duradouro talvez tenha sido sua atuação como grande patrono das artes renascentistas. Foi ele quem encomendou a reconstrução da Basílica de São Pedro, iniciando a obra que se tornaria a mais emblemática construção religiosa do mundo. Também foi o responsável por chamar Michelangelo para pintar o teto da Capela Sistina, uma das obras-primas absolutas da história da arte. Contratou também Rafael, que criou os afrescos das Estâncias do Vaticano, e promoveu o urbanismo de Roma como capital espiritual e artística da cristandade.

Politicamente, Júlio II também buscou reformar a imagem da Igreja. Convocou o Concílio de Latrão V, com o objetivo de frear o conciliarismo e reafirmar a autoridade do papa sobre os concílios — tema que seguia como herança dos conflitos do século anterior. Embora a reforma moral da Igreja ainda estivesse por vir (especialmente com a crise da Reforma Protestante), ele estabeleceu bases para centralizar o poder pontifício e reforçar sua imagem global.

Júlio II morreu em 1513, deixando uma Igreja militarmente fortalecida, artisticamente gloriosa e politicamente centralizada, mas ainda às vésperas de sua maior crise doutrinária. Amado por sua energia e firmeza, e criticado por seu autoritarismo e amor às armas, sua figura permanece como uma das mais fascinantes e complexas da história do papado — símbolo de um tempo em que fé, arte e poder estavam profundamente entrelaçados.

217º • LEÃO X | GIOVANNI DE MEDICI | 1513–1521

O PAPA MÉDICI QUE FESTEJOU O ESPLENDOR RENASCENTISTA E ENFRENTOU O INÍCIO DO PROTESTANTISMO

Leão X, nascido Giovanni di Lorenzo de Medici, governou a Igreja entre 1513 e 1521. Era filho de Lorenzo, o Magnífico, e herdeiro da tradição humanista, artística e política da família Médici — uma das mais poderosas de Florença. Sua eleição ao papado foi vista como o auge da influência dos Médici na Europa e marcou uma nova etapa no Renascimento eclesiástico: uma fase de fausto, mecenato, diplomacia e crise doutrinária iminente.

Leão X chegou ao trono papal aos 37 anos, profundamente educado e refinado. Tornou-se símbolo do papado como expressão do esplendor cultural da época, promovendo grandemente as artes, as letras e o luxo. Continuou o patrocínio iniciado por Júlio II: apoiou Rafael, Michelangelo, Bramante e outros mestres do Renascimento, e consolidou a imagem do Vaticano como o grande polo artístico e intelectual do Ocidente. Sob seu governo, Roma floresceu esteticamente como nunca antes.

Contudo, enquanto o brilho renascentista reluzia em Roma,

Papa Leão X, por Rafael Sanzio (c. 1519)

RENASCENÇA E REFORMA (SÉCULOS XV – XVII)

ventos de revolta começavam a soprar ao norte. Para financiar suas grandiosas obras — incluindo a continuidade da construção da nova Basílica de São Pedro — Leão autorizou a ampliação da venda de indulgências, prática já contestada internamente. Isso acabou gerando a reação de Martinho Lutero, que, em 1517, afixou suas 95 teses na porta da igreja de Wittenberg, dando início ao que se tornaria a Reforma Protestante.

Leão inicialmente subestimou a gravidade do movimento. Tentou silenciar Lutero com advertências e a bula *Exsurge Domine*, mas o embate teológico rapidamente se transformou em uma ruptura política e religiosa de enormes proporções, uma vez que Lutero também tinha o apoio do rei Frederico, da Saxônia, e queria fortalecer seu poder secular e temporal. A excomunhão de Lutero, em 1521, não conteve o movimento, e o papado viu-se diante da maior cisão na cristandade desde o Cisma do Oriente.

Apesar das críticas, Leão X também buscou fortalecer as missões e manter alianças diplomáticas com os reinos católicos. Sua atuação política envolveu negociações com o Sacro Império, a França e estados italianos.

Leão X morreu inesperadamente em 1521, deixando um papado culturalmente exuberante, mas teologicamente vulnerável e politicamente desafiado. Sua figura é um retrato vívido do paradoxo renascentista: beleza, poder e brilho, ao mesmo tempo em que as bases do edifício religioso começavam a rachar por dentro.

Martinho Lutero, por Lucas Cranach (1528)

218º • ADRIANO VI | ADRIAAN FLORENSZOON BOEYENS | 1522–1523

Natural de Utrecht, na Holanda, foi o único papa holandês da história e o último não italiano até a eleição de João Paulo II. Seu pontificado foi marcado por tentativas de reformar a Cúria Romana e combater os abusos que alimentavam a crescente Reforma Protestante. Conhecido por seu caráter austero e por sua rigidez moral, Adriano VI tentou implementar reformas significativas, mas encontrou forte resistência em Roma, onde a nobreza e o clero tinham grande influência. Seu pontificado durou apenas um ano, e suas reformas ficaram inacabadas devido à sua morte prematura, tornando-o uma figura enigmática na história da Igreja.

Papa Adriano VI, por Jan van Scorel (c. 1523)

O IMPACTO DA REFORMA PROTESTANTE NO PONTIFICADO

A Reforma Protestante, iniciada por Martinho Lutero em 1517, teve um impacto profundo no pontificado da Igreja Católica, forçando a instituição a confrontar suas práticas, dogmas e autoridade. Lutero, ao desafiar a venda de indulgências e a doutrina da salvação pela fé e pelas obras, colocou em xeque o papel da Igreja como mediadora entre Deus e os fiéis. A reação papal foi inicial e defensiva, com papas como Leão X tentando condenar Lutero e suas ideias. Esse movimento reformista não só gerou a separação entre católicos e protestantes, mas também enfraqueceu a autoridade papal na Europa, onde muitos monarcas começaram a adotar o protestantismo, desafiando o domínio da Igreja sobre os assuntos religiosos e políticos.

Ao longo do século XVI, a Igreja Católica não só enfrentou a crise provocada pela Reforma Protestante, mas também consolidou sua estrutura doutrinária e litúrgica, o que permitiu a sua sobrevivência como uma instituição dominante, embora com um papel político e religioso mais limitado na Europa.

Lutero queima a bula papal na praça de Wittenberg, ano 1520, por Karl Aspelin

219° · CLEMENTE VII | GIULIO DE MEDICI | 1523–1534

Natural de Florença, foi um papa cuja liderança esteve marcada por grandes desafios políticos e históricos. Membro da poderosa família Medici, Clemente VII enfrentou dois dos maiores traumas do papado renascentista. Em 1527, durante seu pontificado, a cidade de Roma foi devastada pelo Saque de Roma, uma humilhação para o papado e uma das piores crises políticas da época. Além disso, foi durante seu papado que o rei Henrique VIII da Inglaterra rompeu com Roma, dando início à separação da Igreja da Inglaterra após Clemente VII se recusar a anular seu casamento com Catarina de Aragão. Esses eventos marcaram o papado de Clemente VII como um período de fragilidade, mas também de grande importância na história das relações entre a Igreja e os estados europeus.

CISMA INGLÊS

A Igreja da Inglaterra nasceu no contexto de uma ruptura histórica com a Igreja Católica Romana, marcada pelo rompimento do rei Henrique VIII em 1534. Este rompimento, conhecido como Reforma Inglesa, foi desencadeado pela recusa do Papa Clemente VII em anular o casamento de Henrique VIII com Catarina de Aragão, o que levou o monarca a tomar uma medida drástica. Insatisfeito com a negativa papal, Henrique VIII proclamou a Supremacia Real, estabelecendo-se como a autoridade máxima sobre a Igreja na Inglaterra, o que resultou na separação definitiva de Roma. Com essa mudança, Henrique VIII iniciou um processo de anglicanização, que envolvia a criação de uma Igreja nacional independente da autoridade papal, mas ainda mantendo grande parte da doutrina e da liturgia católica romana.

A criação da Igreja Anglicana foi consolidada com o Ato de Supremacia, que declarou o rei da Inglaterra como chefe da Igreja, e com a subsequente dissolução dos mosteiros e o confisco das propriedades da Igreja Católica. O legado dessa divisão seria reforçado por sucessores de Henrique VIII, especialmente Eduardo VI, que implementou reformas protestantes mais radicais, e Elisabeth I, que estabeleceu um compromisso doutrinário entre os católicos e os protestantes na Inglaterra. Ao longo dos séculos, a Igreja da Inglaterra foi moldada por tensões internas, influências externas e eventos como a Revolução Puritana e o Reinado de Carlos I, que geraram ainda mais divisões entre os anglicanos, católicos e puritanos. Hoje, a Igreja da Inglaterra permanece uma das maiores tradições do cristianismo, com mais de 80 milhões de seguidores globalmente, e ainda mantém sua ligação histórica com a monarquia britânica.

Retrato de Henrique VIII da Inglaterra, por Hans Holbein, o Jovem (1540)

220º • PAULO III | ALESSANDRO FARNESE | 1534-1549

O PAPA QUE INICIOU A CONTRARREFORMA E CONVOCOU O CONCÍLIO DE TRENTO

Paulo III, nascido Alessandro Farnese, foi papa de 1534 a 1549 e é amplamente reconhecido como o pontífice que estruturou a resposta da Igreja Católica à Reforma Protestante. Diplomata habilidoso e político experiente, assumiu o trono papal em meio a uma das maiores crises da cristandade desde o Cisma do Ocidente. Seu pontificado marca o início da Contrarreforma, movimento que visava renovar a doutrina, a disciplina e a organização interna da Igreja.

Antes de ser eleito, Farnese teve uma trajetória típica da nobreza renascentista: foi mecenas das artes, acumulou cargos eclesiásticos por influência familiar e levou uma vida mundana. No entanto, como Paulo III, surpreendeu ao adotar uma postura reformadora. Reconhecendo a profundidade da crise religiosa, buscou restaurar a autoridade espiritual e moral da Igreja sem abrir mão da diplomacia e dos jogos de poder.

Seu ato mais decisivo foi a convocação do Concílio de Trento, em 1545, após anos de hesitação de seus antecessores. Além disso, teve papel fundamental na aprovação da Companhia de Jesus, fundada por Santo Inácio de Loyola, que em pouco tempo se tornaria um dos pilares da renovação católica, atuando na educação, nas missões e na defesa da fé.

Apesar de manter práticas de nepotismo — nomeando netos cardeais e favorecendo sua família — Paulo III também promoveu figuras reformistas à cúria romana, como Reginald Pole e Gasparo Contarini. Atuou como mediador entre grandes potências, como Carlos V e Francisco I, buscando equilíbrio político e religioso na Europa.

Paulo III faleceu em 1549, deixando uma Igreja em processo de reconstrução. Seu legado é o de um papa que, entre convicções espirituais e estratégias políticas, lançou as bases da maior reforma católica desde os tempos antigos.

O CONCÍLIO DE TRENTO

Realizado entre 1545 e 1563, o Concílio de Trento foi um dos marcos mais importantes da história da Igreja Católica. Convocado por Paulo III, respondeu à crescente divisão entre católicos e protestantes provocada pelas ideias de Martinho Lutero e à necessidade de reforma interna da Igreja.

O concílio, conduzido em sessões intermitentes ao longo de quase duas décadas, reafirmou os pilares doutrinários do catolicismo frente às críticas protestantes. Definiu a justificação pela fé e pelas obras, confirmou a autoridade papal, a validade das indulgências e a presença real de Cristo na Eucaristia, reafirmando a tradição como fonte da revelação ao lado das Escrituras.

Além do debate teológico, o concílio impulsionou uma ampla reforma na estrutura eclesiástica: determinou padrões de formação para o clero,

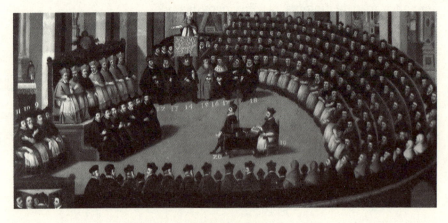

Concílio de Trento

combateu abusos morais e estabeleceu normas para a vida sacerdotal. Também originou o *Catecismo Romano*, importante instrumento de ensino da fé católica.

A Contrarreforma, como ficou conhecida a resposta da Igreja à Reforma Protestante, foi amplamente moldada por este concílio. Suas decisões reforçaram a identidade católica, solidificaram o papel central do Papa e marcaram o início de uma nova fase de renovação religiosa e institucional da Igreja.

221º • JÚLIO III | GIOVANNI MARIA CIOCCHI DEL MONTE | 1550–1555

Natural de Roma, foi eleito papa em 1550, inicialmente como uma figura de consenso entre as facções da Igreja. Seu pontificado, embora marcado por períodos de lazer e indiferença, teve também momentos de esforço para dar continuidade ao Concílio de Trento, que havia sido suspenso devido à instabilidade política da época. Durante seu governo, Júlio III procurou estabelecer melhores relações com os protestantes alemães, tentando uma aproximação que, no entanto, não resultou em sucesso duradouro. Além disso, ele também se dedicou ao embelezamento de Roma e ao fortalecimento do poder papal, embora seu pontificado tenha sido relativamente curto e marcado por desafios políticos e teológicos.

222º • MARCELO II | MARCELLO CERVINI | 1555

Natural de Montefano, na Itália, foi um humanista respeitado e moderado, eleito papa em 1555. Seu pontificado, no entanto, foi extremamente breve, durando apenas 22 dias. Embora sua eleição tenha despertado esperanças de reformas profundas na Igreja, sua morte precoce impediu que qualquer iniciativa substancial fosse realizada. Marcelo II ficou marcado pela sua moralidade pessoal e pelo desejo de realizar mudanças na administração da Igreja, mas sua contribuição histórica acabou sendo limitada pelo curto período em que ocupou o trono papal.

223º • PAULO IV | GIAN PIETRO CARAFA | 1555–1559

Natural de Nápoles, foi o papa que fundou a Inquisição Romana e se tornou um defensor implacável da ortodoxia católica. Durante seu pontificado, ele foi um inquisidor feroz, conhecido por sua severidade nas perseguições contra as heresias. Paulo IV também introduziu o Índice de Livros Proibidos, aplicando censuras rigorosas a qualquer obra que considerasse contrária aos ensinamentos da Igreja. Seu governo foi autoritário e causou temor entre os intelectuais e os opositores da Igreja, mas também fortaleceu o controle doutrinário da Igreja Católica e a sua autoridade sobre as questões religiosas. Sua postura radical e a centralização de poder marcaram sua administração, que, embora tensa, teve um impacto significativo na conformidade doutrinária da Igreja durante o período da Contrarreforma.

Papa Paulo IV, por Jacopino del Conte (c. 1560)

A CONTRARREFORMA

Também conhecida como Reforma Católica, foi a reação da Igreja Católica às críticas e mudanças promovidas pela Reforma Protestante, que se iniciou com as teses de Martinho Lutero em 1517. Este movimento teve o objetivo de preservar a unidade da Igreja, reafirmar a ortodoxia católica e combater as doutrinas protestantes, como a salvação apenas pela fé, o conceito de *sola scriptura* e a negação da autoridade papal. A Igreja respondeu com uma série de reformas internas, principalmente por meio do Concílio de Trento (1545–1563), que buscou corrigir os abusos internos e reforçar os dogmas tradicionais.

Além das reformas litúrgicas e doutrinárias, a Contrarreforma também envolveu a criação de novas ordens religiosas, como os jesuítas, que desempenharam um papel crucial na educação, na evangelização e na reafirmação da autoridade papal. Durante este período, a Igreja começou a aplicar censura sobre livros considerados heréticos, com a criação do Índice de Livros Proibidos. Em termos de política, a Contrarreforma também se manifestou em uma série de guerras religiosas e conflitos políticos com os protestantes, além da imposição de um controle mais rígido sobre as comunidades católicas. O movimento não apenas resistiu à Reforma Protestante, mas também contribuiu para a renovação da Igreja Católica e sua sobrevivência como força dominante na Europa por séculos.

224º • Pio IV | Giovanni Angelo Medici | 1559–1565

Natural de Milão, foi eleito papa em 1559 após a morte de Paulo IV. Proveniente da influente família Médici, Pio IV teve um papado marcado por sua administração pragmática e conciliadora. Seu pontificado é particularmente significativo por ter concluído o Concílio de Trento em 1563, encerrando as discussões que começaram em 1545 e implementando as reformas disciplinares e doutrinárias que se tornaram fundamentais na Contrarreforma. Sob sua liderança, a Igreja Católica solidificou sua resposta ao protestantismo e reafirmou a autoridade papal em face das reformas que tomavam conta da Europa. Pio IV foi também responsável por organizar a aplicação das novas normas tridentinas, que redefiniram aspectos centrais da doutrina católica, como a Eucaristia, a justificação e a importância da tradição e da Bíblia.

225º · SÃO PIO V | ANTONIO GHISLIERI | 1566–1572

O PAPA SANTO QUE APLICOU TRENTO, COMBATEU HERESIAS E DEFENDEU A FÉ COM FIRMEZA

Pio V, nascido Antonio Ghislieri, foi papa entre 1566 e 1572, e seu pontificado é lembrado como um dos mais intensos da era pós-tridentina. Membro da Ordem dos Dominicanos e conhecido por seu rigor moral e teológico, tornou-se o símbolo da aplicação concreta das reformas do Concílio de Trento. Canonizado pela Igreja Católica, é uma das poucas figuras papais reconhecidas oficialmente como santo nos últimos séculos.

Antes de sua eleição, Ghislieri destacou-se como inquisidor e defensor da ortodoxia. Sua reputação de integridade e austeridade moral o levou ao papado com o claro propósito de executar as medidas aprovadas em Trento: combate ao luxo clerical, disciplina no clero, formação dos seminaristas e revitalização pastoral. Pio V publicou o *Catecismo Romano*, o *Missal Romano de 1570* e o *Breviário*, definindo normas litúrgicas que permaneceriam em vigor por mais de quatro séculos, até o Concílio Vaticano II.

Além das reformas internas, Pio V foi intransigente no enfrentamento das heresias e do protestantismo. Excomungou a rainha Elizabeth I da Inglaterra, declarando-a herética e liberando seus súditos do juramento de fidelidade. Embora o gesto tenha tido pouco efeito prático e reforçado a repressão aos católicos ingleses, deixou claro o posicionamento firme de Roma diante das rupturas doutrinárias da Reforma.

Um dos eventos mais marcantes de seu pontificado foi a organização da Liga Santa, uma aliança entre potências católicas como Espanha, Veneza e Estados Pontifícios para conter o avanço otomano no Mediterrâneo. Essa coalizão culminou na batalha naval de Lepanto, em 1571, onde a armada cristã obteve uma vitória decisiva sobre os turcos. Pio V atribuiu o feito à intercessão da Virgem Maria e instituiu a festa de Nossa Senhora das Vitórias, posteriormente renomeada como Nossa Senhora do Rosário.

Pio V morreu em 1572, venerado como um papa santo, austero e inflexível, mas profundamente comprometido com a renovação espiritual da Igreja. Seu corpo repousa na Basílica de Santa Maria Maior, em Roma, e sua memória é celebrada em 30 de abril. Seu pontificado é referência histórica e espiritual da Contrarreforma católica, exemplo de como a fidelidade à doutrina e à disciplina pode ser exercida com coragem diante de tempos turbulentos.

Papa Pio V, por Bartolomeo Letterini

226º • GREGÓRIO XIII | UGO BONCOMPAGNI | 1572–1585

Natural de Bologna, foi eleito papa em 1572 e é lembrado principalmente pela instituição do Calendário Gregoriano, uma das reformas mais significativas da história. Além disso, Gregório XIII teve um papel importante como reformador educacional e diplomático, sendo um defensor da educação e da formação intelectual do clero. Incentivou a criação de colégios jesuítas e apoiou sua missão de preservar e difundir o catolicismo em regiões ameaçadas pela Reforma Protestante. Sua política diplomática também foi voltada para fortalecer a presença da Igreja em face das mudanças políticas e religiosas da época.

Papa Gregório XIII, por Lavinia Fontana (c. 1585)

O CALENDÁRIO DE GREGÓRIO XIII: COMO UM PAPA MOLDOU O TEMPO DO MUNDO

Em 1582, o papa Gregório XIII tomou uma decisão que impactaria o cotidiano da humanidade por séculos: decretou a reforma do calendário juliano, em uso desde os tempos de Júlio César. Com o auxílio de astrônomos e matemáticos — especialmente o jesuíta Cristóvão Clávio —, o pontífice criou o que conhecemos hoje como Calendário Gregoriano, vigente na maior parte do planeta.

A motivação para essa reforma era profundamente religiosa: ao longo dos séculos, o calendário juliano havia acumulado um erro de cerca de 10 dias, fazendo com que datas sagradas como a Páscoa se afastassem de seu alinhamento astronômico original. O equinócio da primavera, crucial para o cálculo pascal, havia "escorregado" do dia 21 de março para o dia 11. Para a Igreja, esse desalinhamento ameaçava a precisão litúrgica e a harmonia do ano eclesiástico.

A solução exigiu ousadia: Gregório XIII suprimiu 10 dias do calendário. Assim, em países católicos como Itália, Espanha e Portugal, o dia 4 de outubro de 1582 foi imediatamente seguido pelo 15 de outubro. A reforma também introduziu regras mais precisas para os anos bissextos, corrigindo o erro de acúmulo ao longo dos séculos. A implementação foi imediata em territórios sob domínio papal, mas encontrou resistência em regiões protestantes, que só adotaram o novo calendário décadas (e em alguns casos, séculos) depois.

A importância da medida ultrapassou os muros do Vaticano. Ao reformar o calendário, Gregório XIII não apenas corrigiu um problema técnico, mas também definiu uma nova medida universal do tempo — civil, científica e religiosa. Sua iniciativa firmou o papado como um centro de saber e autoridade global, e seu legado é sentido todos os dias, em cada agenda, aniversário ou feriado. De forma silenciosa e precisa, o tempo moderno carrega a assinatura de um papa do século XVI.

227º · SISTO V | FELICE PERETTI | 1585–1590

Natural de Grottammare, na Itália, foi eleito papa em 1585 e ficou conhecido por seu estilo executivo vigoroso e por profundas reformas na Cúria Romana. Criou Congregações permanentes, que desempenharam papéis essenciais na administração da Igreja, estabelecendo uma estrutura mais eficiente e centralizada. Além disso, ele urbanizou Roma, ordenando a construção de vias e praças, incluindo a famosa Piazza del Popolo, e fortificou os Estados Pontifícios, consolidando o poder territorial da Igreja. Sisto V também sanou as finanças da Santa Sé, estabelecendo medidas que melhoraram a arrecadação e a gestão dos recursos eclesiásticos. Seu legado arquitetônico e institucional ainda é visível em Roma, tornando-o um dos papas mais marcantes do final do Renascimento.

ESTRUTURA E FUNÇÃO NA IGREJA CATÓLICA

A Cúria Romana é o sistema administrativo central da Igreja Católica, responsável por ajudar o papa a governar a Igreja universal e a manter a disciplina e a organização em todo o mundo católico. Sua origem remonta ao primeiro século da Igreja, quando o papa assumiu funções de liderança espiritual e administrativa.

A Cúria é composta por diversos dicastérios (departamentos ou congregações), como a Congregação para a Doutrina da Fé, a Congregação para os Bispos e o Tribunal da Rota Romana, entre outros, que cuidam de questões doutrinárias, litúrgicas, jurídicas e administrativas. Ao longo da história, a Cúria foi se estruturando de forma mais complexa, especialmente a partir da Idade Média, quando papas como Sisto V e Pio X realizaram mudanças para tornar a administração da Igreja mais eficiente.

Além de sua função administrativa, a Cúria também desempenha um papel diplomático importante, gerenciando as relações do Vaticano com governos e outras religiões. Ela é formada por cardeais, bispos e funcionários leigos que são nomeados pelo papa, e suas atividades são guiadas pelos princípios da doutrina católica. A Cúria Romana é uma das instituições mais antigas do mundo, refletindo a evolução do poder papal ao longo dos séculos.

Papa Sisto V

Durante o Concílio Vaticano II (1962-1965), a Cúria passou por reformas para melhor adaptar-se às mudanças contemporâneas, mas continua sendo essencial para o funcionamento e a unidade da Igreja Católica. A sua função, embora muitas vezes complexa e sujeita a críticas, permanece fundamental para a governança da Igreja em sua dimensão global.

228º • URBANO VII | GIOVANNI BATTISTA CASTAGNA | 1590

Natural de Gênova, foi eleito papa em 1590, mas teve o pontificado mais curto da história, com apenas 13 dias. Sua morte prematura, devido à malária, ocorreu antes que ele fosse coroado e assumisse oficialmente o cargo. Durante seu curto período de governo, não teve tempo de implementar qualquer reforma ou deixar marcas significativas em sua administração, tornando-o um dos papas mais enigmáticos da história da Igreja.

229º • GREGÓRIO XIV | NICCOLÒ SFONDRATI | 1590–1591

Natural de Somma Lombardo, na Itália, teve um papado curto, de menos de um ano, durante um período de grande instabilidade política. Enfrentou pressões externas e interferências de potências estrangeiras, além de dificuldades internas para conter a fragmentação da autoridade papal. Durante seu governo, tentou influenciar a sucessão ao trono francês, mas sua ação foi limitada pelas complexas relações diplomáticas da época. Apesar das suas intenções de consolidar o poder papal, seu pontificado não deixou um legado duradouro, e ele faleceu prematuramente em 1591.

230º • Inocêncio IX | Giovanni Antonio Facchinetti | 1591

Natural de Bolonha, teve um pontificado extremamente breve, de apenas dois meses, devido a problemas de saúde. Embora tenha apoiado os interesses espanhóis, sua ação foi severamente limitada pela sua fragilidade física e pela brevidade de seu governo. Durante o curto período em que governou, não teve tempo de implementar reformas significativas ou de influenciar de forma duradoura os eventos históricos da Igreja ou da política europeia. Inocêncio IX faleceu em 1591, deixando um legado

discreto e sem grandes marcas na história papal.

231º • Clemente VIII | Ippolito Aldobrandini | 1592–1605

Natural de Fano, na Itália, foi eleito papa em 1592, e se destacou como conciliador e diplomático durante um período de grandes tensões políticas e religiosas. Clemente VIII teve um papel decisivo na reconciliação com Henrique IV da França, aceitando-o como católico e encerrando as intensas guerras religiosas que dividiam o país. Durante seu pontificado, promoveu a aplicação dos decretos tridentinos, assegurando a reforma litúrgica e moral da Igreja. Além disso, reorganizou a administração dos sacramentos, aprimorando a disciplina eclesiástica e reforçando a autoridade do papado em um contexto de crescente complexidade política e religiosa.

232º • Leão XI | Alessandro Ottaviano de Medici | 1605

Natural de Florença, foi eleito papa em 1605, mas seu pontificado foi extremamente breve, durando apenas 27 dias, antes de falecer logo após sua coroação. Era considerado moderado e conciliador, com um perfil mais voltado à diplomacia e ao equilíbrio entre os diversos interesses políticos da época. No entanto, sua morte precoce impediu que ele deixasse um legado duradouro.

Papa Leão XI, por Jacob Matham (1605)

233º • PAULO V | CAMILLO BORGHESE | 1605–1621

Natural de Roma, foi eleito papa em 1605 e se destacou por reafirmar com a autoridade papal, especialmente em relação ao Estado veneziano, com o qual teve conflitos durante seu pontificado. Paulo V também promoveu grandes obras em Roma, incluindo a conclusão da Basílica de São Pedro, uma das maiores igrejas do mundo e a principal da cristandade. Seu governo favoreceu a centralização do poder pontifício, consolidando o controle papal sobre as questões políticas e eclesiásticas, enquanto reforçava a posição da Igreja na cena internacional.

234º • GREGÓRIO XV | ALESSANDRO LUDOVISI | 1621–1623

Natural de Bologna, foi eleito papa em 1621 e ficou marcado pela criação da Congregação para a Propagação da Fé (Propaganda Fide), com o objetivo de coordenar as missões católicas e expandir a presença da Igreja em territórios não evangelizados. Durante seu breve pontificado, Gregório XV também tomou medidas importantes para a organização da Igreja, como formalizar o uso do conclave e do voto secreto dos cardeais, estabelecendo regras claras para a eleição papal que perduram até os dias atuais. Seu pontificado foi breve, mas suas reformas administrativas e missionárias tiveram grande impacto.

235º • Urbano VIII | Maffeo Barberini | 1623–1644

Natural de Florença, foi eleito papa em 1623 e ficou conhecido por ser um grande protetor das artes, patrocinando artistas como Gian Lorenzo Bernini, que contribuiu com importantes obras para a arquitetura e escultura barroca. No campo científico, no entanto, Urbano VIII foi acusado de rejeitar a Ciência, por ter condenado Galileu Galilei por heresia devido à sua defesa do heliocentrismo. Segundo o teólogo e professor Felipe Aquino, Galileu parecia especialmente inoportuno aos teólogos do século XVII, pelo fato de que não se limitava a afirmar proposições de astronomia, mas introduziu-se no setor da exegese bíblica, tentando assim convencer os teólogos.

Ainda segundo Aquino, a oposição dos teólogos e do Sumo Pontífice à tese de Galileu não compromete a infalibilidade do magistério da Igreja, que se refere apenas aos temas de fé e de Moral.

Galileu abjurou de sua teoria do heliocentrismo, que se comprovou mais tarde, pois em seu processo, a condenação se deu pela impossibilidade de se apresentarem provas que corroborassem a teoria heliocêntrica do padre Nicolau Copérnico, reiterada por Galileu.

Galileu enfrentando a Inquisição Romana, por Cristiano Banti (1857)

Apesar de sua condenação, a Igreja Católica não manteve permanentemente essa posição contra Galileu. O Papa João Paulo II, em 1992, pediu desculpas em nome da Igreja e reconheceu a importância das contribuições de Galileu para a ciência, mas recordou um fato histórico importante: Galileu já tinha sido reabilitado por Bento XIV em 1741, com a concessão do "Imprimatur" à primeira edição das obras completas de Galileu. Em 1757, as obras científicas favoráveis à teoria heliocêntrica foram retiradas do "Index" de livros proibidos. Em 1822, Pio VII determinou que o "Imprimatur" podia ser dado também aos estudos que apresentavam a teoria copernicana como tese.

236º • INOCÊNCIO X | GIOVANNI BATTISTA PAMPHILI | 1644–1655

Natural de Roma, foi eleito papa em 1644 e ficou conhecido por sua postura crítica em relação à Paz de Westfália, considerando o tratado que encerrou a Guerra dos Trinta Anos, prejudicial à autoridade da Igreja. Durante seu governo, ele adotou uma postura enérgica e autônoma, mas muitas vezes foi ofuscado pela influência de sua cunhada, Donna Olímpia, uma figura poderosa na corte papal e que teve grande influência sobre as decisões políticas e religiosas da época. Embora tenha sido um defensor da independência papal, o papado de Inocêncio X foi marcado pela instabilidade e por desafios políticos internos.

237º • ALEXANDRE VII | FABIO CHIGI | 1655–1667

Natural de Siena, cidade histórica localizada na região da Toscana, na Itália, foi eleito papa em 1655 e se destacou como um erudito e diplomata. Durante seu pontificado, embelezou Roma, promovendo importantes projetos urbanísticos e arquitetônicos, que enriqueceram a cidade com novas obras de arte e infraestrutura. Além disso, manteve relações diplomáticas complexas com as monarquias europeias, tentando equilibrar as tensões políticas da época e defender a autoridade papal. Seu governo combinou refinamento cultural com firmeza doutrinária, preservando a tradição da Igreja e defendendo a ortodoxia, enquanto promovia o desenvolvimento intelectual e artístico da cidade eterna.

238º • CLEMENTE IX | GIULIO ROSPIGLIOSI | 1667–1669

Natural de Pistoia, na Toscana, foi eleito papa em 1667 e se destacou por seu esforço em suavizar tensões com a França e buscar soluções pacíficas para os conflitos internos da Igreja. Era um papa culto e com grande interesse pelas artes, além de ser preocupado com a conciliação política e religiosa em um período de divisões. Durante seu breve pontificado, trabalhou para restaurar a harmonia dentro da Igreja, enfrentando desafios políticos e eclesiásticos com diplomacia e estilo conciliador. Sua habilidade em lidar com crises e promover o diálogo o fez uma figura respeitada, apesar do seu governo relativamente curto.

239º • CLEMENTE X | EMILIO ALTIERI | 1670–1676

Natural de Roma, foi eleito papa em 1670, já em idade avançada, e seu pontificado se caracterizou por ser conservador e discreto. Enfrentou a crescente pressão das coroas católicas sobre o papado, mas manteve o equilíbrio institucional da Cúria, preservando a autoridade papal diante das influências externas. Embora sua gestão tenha sido marcada por uma postura mais comedida e cautelosa, Clemente X conseguiu, com habilidade diplomática, manter a estabilidade da Igreja e garantir sua continuidade em um período de grande agitação política e religiosa na Europa.

240º • BEATO INOCÊNCIO XI | BENEDETTO ODESCALCHI | 1676–1689

Natural de Como, na Itália, foi eleito papa em 1676 e ficou conhecido como grande reformador moral. Durante seu pontificado, combateu de maneira vigorosa o nepotismo e os abusos financeiros na Igreja, buscando restaurar a integridade e a transparência da administração eclesiástica. Opositor do absolutismo de Luís XIV da França, Inocêncio XI procurou preservar a independência da Santa Sé, o que o colocou em constante tensão com os governantes europeus da época. Sua firme postura moral e política, bem como suas reformas, deixaram um legado importante para a Igreja. Foi beatificado em 1956, reconhecido por sua dedicação à justiça e à moralidade.

241º • Alexandre VIII | Pietro Ottoboni | 1689–1691

Natural de Veneza, foi eleito papa em 1689 e teve um pontificado muito breve, marcado por uma volta ao nepotismo e pela tentativa de agradar à França após anos de atrito com o papado. Embora tenha se alinhado com práticas tradicionais e conservadoras, ele buscou manter a harmonia com as grandes potências da Europa, especialmente em tempos de tensões políticas. Seu pontificado de curto prazo não teve tempo de causar grandes mudanças, mas foi um reflexo das complexas relações políticas da época e da necessidade de equilibrar os interesses eclesiásticos com as pressões externas.

Papa Inocêncio XI, por Jacob Ferdinand Voet (1650)

242º • INOCÊNCIO XII | ANTONIO PIGNATELLI | 1691–1700

Último papa do século XVII, aboliu oficialmente o nepotismo, estabelecendo que cargos e rendas da Igreja não seriam mais concedidos a parentes. Seu governo marcou o fim do favoritismo papal e o início de um novo estilo de administração.

O FIM DO NEPOTISMO: SOB A INFLUÊNCIA DE INOCÊNCIO XII

Ao longo dos séculos, o papado foi marcado por um fenômeno que misturava fé e poder: o nepotismo. Originado do termo latino *nepos*, que significa "sobrinho", o nepotismo consistia na prática de conceder cargos e benefícios

Papa Inocêncio XII, por Carlo Maratta (c. 1699)

eclesiásticos a parentes próximos dos papas — em especial sobrinhos, em épocas em que o celibato impedia a descendência legítima. Essa prática consolidou dinastias familiares dentro da Cúria Romana e moldou a política da Igreja de maneira profunda, especialmente durante o Renascimento.

Durante esse período, famílias como os Médici, os Bórgia e os Farnese usaram o trono de São Pedro como trampolim para favorecer seus clãs. A Igreja, ao mesmo tempo que ampliava seu alcance artístico e intelectual, se via cada vez mais fragilizada pela crítica interna e externa. O nepotismo passou a ser símbolo de escândalo, fonte de tensões com monarquias católicas e combustível para os reformadores protestantes.

Foi somente no fim do século XVII que o papado assumiu de forma definitiva o compromisso com a ruptura dessa tradição. O responsável por isso foi o papa Inocêncio XII, eleito em 1691. Homem austero e profundamente moralista, ele se destacou por seu desejo sincero de reformar a Cúria Romana. Em 1692, promulgou a bula *Romanum Decet Pontificem* que proibia oficialmente a prática do nepotismo papal. O documento vetava a nomeação de parentes para cargos administrativos, a concessão de títulos eclesiásticos e o favorecimento financeiro por vínculo familiar.

A medida foi recebida com resistência por setores tradicionais da Igreja, mas se tornou um divisor de águas na história do papado. Com Inocêncio XII, a Cúria começou a se tornar mais profissional, e a autoridade papal passou a se desvincular, gradualmente, das alianças familiares que haviam permeado Roma por gerações. A bula marcou o início de uma nova era para a Igreja: mais sóbria, institucionalizada e comprometida com princípios de integridade e serviço.

A Liberdade Guiando o Povo, por Eugène Delacroix (1830)

CAPÍTULO 8

ERA MODERNA
(SÉCULOS XVIII – XIX)

A Era Moderna foi um tempo de perda de influência política, mas de reafirmação espiritual do papado. As ideias iluministas, a Revolução Francesa e os movimentos liberais questionaram severamente a autoridade papal e da Igreja como um todo. Papas viram suas propriedades confiscadas, seus Estados ocupados e sua posição pública atacada, especialmente em contextos de secularização e nacionalismo.

Apesar disso, os papas responderam com vigor: reafirmaram dogmas, reorganizaram as ordens religiosas e buscaram novas formas de evangelização. Pio IX, por exemplo, proclamou o dogma da Imaculada Conceição e convocou o Primeiro Concílio Vaticano (1869-1870), que definiu a infalibilidade papal. Nesse tempo, surgiram também encíclicas voltadas à doutrina social e ao mundo moderno.

O encerramento do século XIX trouxe o fim dos Estados Pontifícios com a unificação da Itália. No entanto, com Leão XIII, o papado iniciou um novo ciclo de diálogo com a sociedade por meio da doutrina social da Igreja, buscando orientar os fiéis diante das novas realidades industriais, econômicas e políticas.

243º • CLEMENTE XI | GIOVANNI FRANCESCO ALBANI | 1700–1721

Natural de Urbino, foi um erudito e defensor da ortodoxia católica. Durante seu papado, combateu o jansenismo, uma doutrina que contestava o livre-arbítrio e minava a autoridade papal. Em 1713, publicou a constituição *Unigenitus*, condenando os erros jansenistas, o que aprofundou as tensões com o clero francês. Sua postura firme em questões doutrinárias marcou seu pontificado, sendo reconhecido por sua influência na defesa da fé católica e pela manutenção da autoridade papal.

244º • INOCÊNCIO XIII | MICHELANGELO CONTI | 1721–1724

Natural de Poli, na Itália, teve um pontificado breve e de perfil conservador. Enfrentou tensões com a monarquia francesa, particularmente em relação à liberdade da Igreja, e demonstrou-se reticente quanto ao avanço das ideias reformistas que permeavam a Europa na época. Sua curta gestão limitou reformas mais amplas, deixando uma marca discreta no pontificado, mas firmemente conservadora nos aspectos doutrinários.

245º • BENTO XIII | PIETRO FRANCESCO ORSINI | 1724–1730

Natural de Gravina, foi um papa dominicano, piedoso e dedicado à espiritualidade. Incentivou o processo de beatificações e canonizações, refletindo seu compromisso com a espiritualidade e as tradições

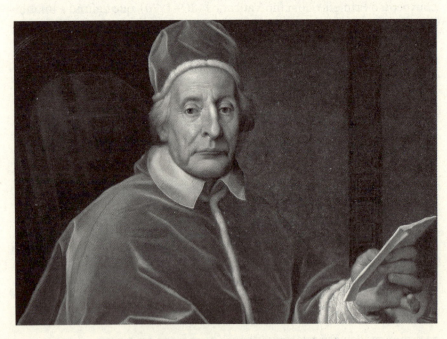

Papa Clemente XII, por Agostino Masucci (1750)

da Igreja. Desinteressado das questões políticas, delegou muitas responsabilidades a ministros, alguns dos quais não eram completamente confiáveis, o que acabou comprometendo a administração da Cúria Romana e sua eficácia.

246º • CLEMENTE XII | LORENZO CORSINI | 1730–1740

Natural de Florença, foi um papa idoso e cego, mas que teve um pontificado ativo, promovendo importantes obras públicas em Roma, como a fachada da Basílica de São João de Latrão e o início da construção da Fontana di Trevi. Em 1738, condenou a maçonaria com a bula *In eminenti*, refletindo sua preocupação com os movimentos que considerava heréticos e perigosos para a unidade da Igreja. Seu papado também foi caracterizado por esforços em modernizar e reconfigurar a administração eclesiástica de Roma.

247º • BENTO XIV | PROSPERO LORENZO LAMBERTINI | 1740–1758

Natural de Bologna, é amplamente reconhecido como um dos papas mais cultos da história. Erudito, diplomático e conciliador, incentivou o estudo das ciências e fundou várias academias científicas. Durante seu papado, manteve um diálogo respeitoso com o pensamento iluminista, ao mesmo tempo em que reorganizou o processo de canonização e reforçou a postura racional do papado. Sua figura representa a tentativa de equilibrar a fé com as descobertas intelectuais do período.

248º • CLEMENTE XIII | CARLO DELLA TORRE REZZONICO | 1758–1769

Natural de Veneza, foi o último grande defensor da Companhia de Jesus antes de sua supressão. Resistiu à pressão de vários governos europeus, especialmente de Portugal e França, que viam a Ordem Jesuíta como um obstáculo para seus interesses políticos. Seu papado foi marcado pela resistência ao Iluminismo e pela firme defesa da doutrina católica em tempos de crescente secularização e hostilidade contra a Igreja.

249º · CLEMENTE XIV | GIOVANNI VINCENZO GANGANELLI | 1769–1774

O PAPA QUE SUSPENDEU A ORDEM DOS JESUÍTAS E ENFRENTOU O PESO DA POLÍTICA SOBRE A IGREJA

Clemente XIV, nascido Giovanni Vincenzo Antonio Ganganelli, foi papa de 1769 a 1774 e é lembrado principalmente por ter suprimido oficialmente a Companhia de Jesus — uma das ordens mais influentes e importantes da Igreja — em meio a intensas pressões políticas do rei da França, Luís IX, do rei da Espanha, Carlos III, e do primeiro-ministro de Portugal, Marquês de Pombal, que tinham interesse nas propriedades e nos bens dos Jesuítas na América e na Europa. Seu curto pontificado, marcado por grandes tensões, expressa de maneira clara os desafios enfrentados pela Igreja Católica no século das Luzes, quando o poder papal era cada vez mais questionado por ideias iluministas e governos absolutistas.

Franciscano e teólogo respeitado, Ganganelli era visto como um homem conciliador, moderado e de boa formação intelectual. Foi eleito papa com o apoio das coroas católicas da França, Espanha, Portugal e Nápoles, todas desejosas de ver os jesuítas banidos de seus territórios. A ordem fundada por Santo Inácio de Loyola, antes fortemente apoiada pela Cúria, havia se tornado alvo de críticas por sua influência educacional, política e missionária, vista por muitos como um "Estado dentro do Estado".

A decisão de extinguir a Companhia de Jesus, tomada em 1773 por meio do breve *Dominus ac Redemptor*, foi uma medida de altíssimo custo espiritual e político. Clemente XIV o fez com pesar e discrição, tentando evitar o escândalo público, mas a pressão diplomática era insustentável. A bula de supressão declarou que a medida se dava "pela paz da Igreja", sem

Papa Clemente XIV, por Giovanni Domenico Porta (c. 1770)

condenar formalmente a ordem ou seus membros. Muitos historiadores consideram que o gesto, embora pragmaticamente compreensível, representou uma rendição da autoridade espiritual às exigências dos governos seculares.

Após a supressão, Clemente procurou administrar os danos, mantendo a neutralidade diante das disputas entre jansenistas e jesuítas, tentando modernizar a administração papal e mostrando abertura ao pensamento científico e filosófico. Apesar de seu estilo gentil e diplomático, passou seus últimos anos em constante tensão e medo de represálias, e sua morte, em 1774, foi seguida de rumores de envenenamento — jamais comprovados.

Clemente XIV é uma figura ambígua na história da Igreja: visto por alguns como um mártir político, e por outros como fraco diante das monarquias absolutistas, foi o único papa da história moderna a abolir uma ordem tão importante — que só seria restaurada por Pio VII, em 1814. Sua vida e pontificado são um retrato do confronto entre a tradição e os novos tempos que viriam com a Revolução Francesa e o colapso da cristandade clássica.

250º · PIO VI | GIOVANNI ANGELO BRASCHI | 1775–1799

O PAPA QUE DESAFIOU A REVOLUÇÃO FRANCESA E MORREU PRISIONEIRO DE NAPOLEÃO

Pio VI, nascido Giovanni Angelo Braschi, foi papa de 1775 a 1799, governando a Igreja durante um dos períodos mais conturbados da história europeia. Seu longo pontificado coincidiu com o surgimento da Revolução Francesa, a ascensão de Napoleão Bonaparte e o colapso do sistema tradicional que unia trono e altar. Pio VI tentou, até o fim, manter o prestígio da Igreja e resistir às forças revolucionárias, mas acabou vendo a autoridade papal desafiada como nunca antes.

Inicialmente, Pio VI buscou reformar a administração dos Estados Pontifícios e se mostrou simpático às ideias do Iluminismo moderado. Incentivou obras públicas, combateu o nepotismo e dialogou com intelectuais. No entanto, as reformas internas não foram suficientes para conter a maré revolucionária que se alastrava pela Europa. Quando a Revolução Francesa eclodiu em 1789, e o clero foi forçado a jurar lealdade à nova Constituição Civil do Clero (1790), Pio VI condenou as medidas, o que o tornou inimigo declarado dos novos governantes.

A relação entre a França revolucionária e o papado deteriorou-se rapidamente. Igrejas foram fechadas, sacerdotes perseguidos, relíquias saqueadas e a própria autoridade do papa ridicularizada. A execução do rei Luís XVI, em 1793, causou profunda comoção no papa, que considerava o monarca um mártir. Em resposta às suas condenações, os exércitos revolucionários franceses, liderados por Napoleão, invadiram os Estados Pontifícios em 1796 e impuseram termos humilhantes à Santa Sé.

Em 1798, após novos confrontos e a declaração de uma "República Romana", Pio VI foi preso pelas tropas francesas. Já idoso e doente, foi forçado a deixar Roma e transportado, em condições severas, para várias cidades francesas. Morreu em Valence, no sudeste da França, em 1799, após mais de um ano de cativeiro — o único papa da história moderna a morrer prisioneiro de um poder estrangeiro. Sua morte foi vista por muitos como o martírio da cristandade diante do Novo Regime.

No entanto, Pio VI não morreu esquecido. Seu sucessor, Pio VII, providenciou o retorno de seus restos mortais a Roma, onde repousam hoje na Basílica de São Pedro. Seu pontificado, embora politicamente enfraquecido, é lembrado com respeito pela firmeza diante da adversidade. Pio VI tornou-se símbolo da resistência da Igreja frente à secularização forçada e à violência dos novos tempos.

Papa Pio VI se despedindo dos monges agostinianos em Siena, por Girolamo Carattoni (1801)

ERA MODERNA (SÉCULOS XVIII – XIX)

251º • PIO VII | BARNABA CHIARAMONTI | 1800–1823

O PAPA QUE COROOU NAPOLEÃO, FOI PRESO POR ELE E RESTAUROU O PAPADO NA ERA MODERNA

Pio VII, nascido Barnaba Niccolò Maria Luigi Chiaramonti, foi eleito papa em 1800, após a dramática morte de Pio VI no exílio francês. Seu pontificado, que duraria até 1823, foi moldado por uma das figuras mais poderosas e imprevisíveis da história: Napoleão Bonaparte. Pio VII é lembrado por sua coragem, diplomacia e firmeza moral em um dos períodos mais perigosos da história papal — e por ter sido o papa que sobreviveu a Napoleão.

Eleito no exílio, em Veneza, por cardeais refugiados da ocupação francesa, Pio VII iniciou seu pontificado em um momento de crise profunda. Contudo, com habilidade diplomática, procurou uma aproximação com Napoleão, na esperança de restaurar a presença e a liberdade da Igreja na França pós-revolucionária. Em 1801, assinou o Concordato com Napoleão, que restabeleceu a Igreja Católica na França, embora sob condições rígidas impostas pelo governo francês.

O momento mais emblemático de sua relação com Napoleão ocorreu em 1804, quando o papa viajou a Paris para coroar o imperador na Catedral de Notre-Dame. Em um gesto simbólico e calculado, Napoleão tomou a coroa das mãos do papa e coroou a si mesmo, sinalizando que sua autoridade vinha dele, e não da Igreja. Apesar da humilhação pública, Pio VII manteve-se digno e buscou preservar a integridade da fé em meio às pressões do poder secular.

As tensões cresceram, e em 1809 Napoleão anexou os Estados Pontifícios ao Império Francês. Pio VII excomungou o imperador, o que levou à sua prisão imediata. O papa foi levado sob escolta a várias cidades da França e passou cinco anos em cativeiro, recusando-se a ceder às exigências imperiais. Durante todo esse período, permaneceu firme, austero e sereno, conquistando a admiração de católicos e não católicos por sua resistência moral.

Com a queda de Napoleão em 1814, Pio VII retornou triunfalmente a Roma, onde foi recebido com comoção. Restaurou a Companhia de Jesus — suprimida por Clemente XIV décadas antes — e atuou no Congresso de Viena, assegurando a retomada do prestígio e da soberania da Santa Sé. Também modernizou a administração eclesiástica e cuidou de reconstruir igrejas e instituições arrasadas pelas guerras.

Ao morrer, em 1823, Pio VII era venerado como o papa que enfrentou o maior tirano de seu tempo com dignidade, fé e diplomacia, e que ajudou a Igreja a atravessar o turbilhão do mundo moderno sem perder sua identidade. Sua memória segue como símbolo de resiliência, diálogo e coragem pastoral.

252º • LEÃO XII | ANNIBALE DELLA GENGA | 1823–1829

Nascido em Fabriano, uma comuna na Itália, Leão XII foi eleito papa em 1823, em um período de instabilidade política na Europa, após as Guerras Napoleônicas. Seu pontificado foi marcado por um conservadorismo rigoroso, com forte oposição às ideias liberais e iluministas que ganhavam força no continente. Reativou a censura e restaurou práticas devocionais, buscando reafirmar a autoridade da Igreja diante das transformações políticas pós-napoleônicas. Em sua gestão, reforçou o controle moral sobre os costumes públicos e se posicionou contra a crescente secularização, tentando consolidar a influência papal na vida política e social, especialmente nas regiões ameaçadas por movimentos republicanos e liberais.

253º · PIO VIII | FRANCESCO SAVERIO CASTIGLIONI | 1829–1830

Nascido em Cingoli, na região de Marche, Pio VIII provinha de uma família aristocrática, mas não da nobreza romana. Seu pontificado foi breve, devido à sua fragilidade física, durando apenas pouco mais de um ano. Mesmo sendo moderado, manteve vigilância sobre os movimentos liberais, especialmente nas questões políticas que envolviam a Igreja e o Estado. Ele publicou encíclicas condenando o indiferentismo religioso e se posicionou contra as tentativas de separação entre a Igreja e o Estado, enfrentando dificuldades diplomáticas e mantendo uma postura conservadora.

IGREJA *VERSUS* ESTADO

A separação entre Igreja e Estado é um conceito que emergiu como resposta ao crescente desejo de autonomia e liberdade religiosa, especialmente após a Idade Média, quando a Igreja exercia grande influência política. Esse movimento ganhou força no final da Idade Moderna, com a ascensão do Iluminismo e as mudanças trazidas pelas Revoluções Francesa e Americana no final do século XVIII. A ideia central era que o Estado deveria ser uma instituição secular, livre da interferência da Igreja, permitindo maior liberdade religiosa e garantindo um sistema de governo independente e laico.

O conceito ganhou espaço principalmente em países europeus, onde as monarquias católicas estavam sendo desafiadas pelas forças maçônicas e protestantes, e a Igreja era aliada dos monarcas, exercendo grande influência política, econômica e social. A Revolução Francesa, em 1789, foi um marco para a ascensão da burguesia, em que a Igreja foi nacionalizada e separada do poder político francês. Esse modelo inspirou muitos outros países ao longo do século XIX, especialmente na Europa católica e América Latina, à medida que surgiam novos Estados nacionais e espalhava-se a ideia de um Estado secular e não confessional.

Nos Estados Unidos, a liberdade de expressão, de religião e de imprensa foram garantidas oficialmente com a Constituição de 1787, em sua Primeira Emenda. Esse modelo foi adotado por muitos países em todo o mundo, particularmente na América e na Europa, onde as ideias republicanas e liberais prevaleceram. O movimento laicista ganhou força, com a reforma de escolas, instituições públicas e leis, criando uma fronteira clara entre as esferas religiosa e política.

A modernização do Estado foi essencial para a institucionalização da separação entre Igreja e Estado. O fortalecimento das instituições civis, a promoção da educação pública secular e a centralização do poder estatal permitiram que a religião fosse relegada à esfera privada. O Estado se tornou a principal força reguladora da sociedade, e a Igreja passou a ser vista como uma entidade sem vínculos formais com o governo. Essa transformação abriu um precedente importante para consolidar os estados nacionais e promover o debate sobre liberdade religiosa, direitos civis e o Estado laico.

254º • GREGÓRIO XVI | BARTOLOMEO ALBERTO CAPPELLARI | 1831–1846

Monge camaldulense e papa intelectual, Gregório XVI se destacou por sua oposição vigorosa ao modernismo e ao liberalismo, além de ser crítico das revoluções nacionais que marcaram a época. Seu pontificado foi caracterizado pela defesa da autoridade papal frente aos ventos de mudança no mundo moderno.

Em 1832, publicou a encíclica *Mirari Vos*, na qual condenou a liberdade de imprensa, a liberdade de consciência e a liberdade religiosa, considerando-os ameaças à ordem social e religiosa tradicional. Gregório XVI respondeu com repressão a revoltas nos Estados Pontifícios e se manteve firme em sua resistência às ideias de secularização e à modernização que poderiam comprometer a autoridade moral e espiritual da Igreja.

255º • BEATO PIO IX | GIOVANNI MARIA MASTAI-FERRETTI | 1846–1878

O PAPA DO DOGMA MARIANO, DO CONCÍLIO VATICANO I — E DO FIM DOS ESTADOS PONTIFÍCIOS

Pio IX, nascido Giovanni Maria Mastai-Ferretti, governou a Igreja por 31 anos e 7 meses (de 1846 a 1878) — o mais longo pontificado da história do catolicismo. Seu papado atravessou revoluções políticas, conflitos doutrinários, guerras e transformações sociais profundas. É lembrado por ter consolidado dogmas fundamentais da fé católica, mas também por ter assistido à perda definitiva do poder temporal da Igreja.

Inicialmente visto como progressista, Pio IX surpreendeu ao conceder anistias políticas e autorizar uma constituição liberal nos Estados Pontifícios. Contudo, a Revolução de 1848, que o forçou ao exílio temporário em

Concílio Vaticano I, por Karl Benzinger (1873)

Nápoles, transformou seu olhar sobre o mundo moderno. Retornando a Roma em 1850 com apoio de tropas estrangeiras, tornou-se um defensor convicto do papado tradicional, centralizado e infalível, adotando um tom cada vez mais reativo às mudanças do século XIX.

Um dos marcos de seu pontificado foi a proclamação do dogma da Imaculada Conceição da Virgem Maria, em 1854, reforçando o papel do papa como intérprete supremo da fé. Em 1869, convocou o Concílio Vaticano I, que definiu outro marco doutrinal: o dogma da infalibilidade papal, segundo o qual, quando se pronuncia *ex catedra*, o papa não pode errar ao proclamar oficialmente doutrinas de fé ou moral. Essa definição foi, e ainda é, uma das mais importantes da história da Igreja.

Pio IX também enfrentou o maior abalo político do papado: a perda dos Estados Pontifícios. Em 1870, com a unificação da Itália liderada por Vítor Emanuel II, as tropas italianas invadiram Roma e puseram fim ao domínio territorial da Igreja sobre a região. Pio IX se recusou a reconhecer o novo Estado italiano, declarou-se "prisioneiro no Vaticano" e rompeu relações diplomáticas com a Itália — situação que só seria resolvida com o Tratado de Latrão em 1929.

Apesar do fim do poder temporal, Pio IX reforçou o papel espiritual e global do papado. Criou novas dioceses em todo o mundo, ampliou as missões católicas, reorganizou a cúria e fortaleceu os vínculos com as Igrejas locais — especialmente fora da Europa, onde o catolicismo crescia rapidamente. Sua figura tornou-se símbolo de resistência doutrinária diante do liberalismo, do racionalismo e do secularismo emergente.

Morreu em 1878, com fama de santidade entre muitos fiéis. Foi beatificado por João Paulo II no ano 2000, um gesto que reconheceu sua piedade pessoal, seu zelo pastoral e sua coragem diante da adversidade. Pio IX encarnou o fim de uma era e o nascimento de outra: o papado espiritual que sobreviveria sem exércitos nem territórios — mas com voz global.

ERA MODERNA (SÉCULOS XVIII – XIX)

256º · LEÃO XIII | VINCENZO GIOACCHINO PECCI | 1878–1903

O PAPA DA MODERNIDADE CRISTÃ E PAI DA DOUTRINA SOCIAL DA IGREJA

Leão XIII, nascido Vincenzo Gioacchino Raffaele Luigi Pecci, foi papa de 1878 a 1903, sucedendo a longa e dramática era de Pio IX. Com um estilo mais diplomático, filosófico e pastoral, tornou-se o primeiro pontífice plenamente inserido no contexto do mundo contemporâneo: industrializado, urbanizado e ideologicamente dividido. Seu pontificado é amplamente reconhecido por inaugurar o diálogo entre a Igreja e a modernidade, especialmente no campo das questões sociais e trabalhistas.

Logo ao assumir, Leão XIII procurou moderar o tom de conflito com os Estados modernos. Embora tenha mantido a posição de "prisioneiro do Vaticano", recusando-se a reconhecer a perda dos Estados Pontifícios, ele iniciou uma nova estratégia de influência através das ideias, publicando encíclicas, apoiando universidades e buscando renovar o papel da Igreja em um mundo em transformação.

O marco de seu pontificado foi a publicação da encíclica *Rerum Novarum*, em 1891, considerada o documento fundador da doutrina social da Igreja. Nela, Leão XIII abordou temas como a dignidade do trabalho, o direito à propriedade privada, a justiça social e o papel do Estado na proteção dos pobres e operários. Ao mesmo tempo, criticou o socialismo e o liberalismo irrestrito, propondo uma "terceira via" cristã entre capitalismo selvagem e coletivismo. Essa encíclica moldaria o ensino social católico até os dias de hoje.

Leão XIII também valorizou a filosofia tomista e promoveu o estudo de São Tomás de Aquino como base para a formação teológica e filosófica

Papa Leão XIII

católica. Incentivou a fundação de seminários, reformou o ensino nas universidades católicas e incentivou a pesquisa histórica e bíblica — inclusive abrindo os arquivos secretos do Vaticano para pesquisadores.

Seu papado, embora marcado por certa cautela política, fortaleceu imensamente a imagem espiritual do papa, agora mais como mestre da consciência moral global do que como soberano territorial. Foi também o primeiro papa a ser filmado e gravado em áudio, tornando-se símbolo da entrada do papado na era dos meios de comunicação de massa.

Leão XIII faleceu em 1903, aos 93 anos, sendo até hoje o papa mais idoso da história em exercício. Sua visão clara, seu tom conciliador e sua capacidade de unir fé e razão fizeram dele um construtor de pontes entre o século XIX e o século XX, e um dos pontífices mais admirados da história contemporânea da Igreja.

Concílio Vaticano II, fotografia por Lothar Wolleh (c. 1965)

CAPÍTULO 9

ERA CONTEMPORÂNEA
(SÉCULO XX – XXI)

O século XX foi marcado por grandes rupturas — duas guerras mundiais, totalitarismos, globalização — e o papado precisou se reinventar. Bento XV buscou a paz durante a Primeira Guerra Mundial; Pio XII enfrentou a Segunda Guerra e a ameaça do nazismo. Já João XXIII trouxe um novo espírito ao convocar o Concílio Vaticano II, que aproximou a Igreja do mundo moderno.

Paulo VI deu continuidade às reformas do concílio e fortaleceu o diálogo com outras religiões. Mas foi João Paulo II quem ampliou o papel do papa como líder global. Viajou para mais de 100 países, enfrentou o comunismo e influenciou transformações políticas e sociais em escala mundial. Seu carisma marcou gerações de católicos e não católicos.

Nos tempos mais recentes, Bento XVI buscou aprofundar o pensamento teológico e enfrentou com coragem o drama dos escândalos de abuso sexual. Com a renúncia em 2013, abriu caminho para a eleição de Francisco — o primeiro papa latino-americano e jesuíta —, que trouxe ao centro temas como ecologia, justiça social, acolhimento e diálogo com as periferias do mundo e da fé.

257º • SÃO PIO X | GIUSEPPE SARTO | 1903–1914

Conhecido por sua energia conservadora, Pio X dedicou-se a promover uma renovação significativa na liturgia e na catequese, enfatizando a importância da comunhão frequente, inclusive às crianças, e da educação religiosa tanto para o clero quanto para os fiéis. Ele se destacou especialmente no combate ao modernismo, que considerava uma síntese de todas as heresias, e tomou medidas firmes para preservar a ortodoxia doutrinária da Igreja. Seu pontificado também foi marcado pelo fortalecimento da autoridade papal diante da heresia modernista, que já estava infiltrada na Igreja. Valorizou o *Catecismo* e promoveu sua popularização. Canonizado em 1954, sua influência continua a ser reconhecida como um marco na história da Igreja, especialmente na promoção da espiritualidade e na defesa dos princípios tradicionais da fé católica.

258º • Bento XV | Giacomo della Chiesa | 1914–1922

Bento XV, nascido Giacomo della Chiesa em 1854, assumiu o papado em 1914, no início da Primeira Guerra Mundial, momento em que a Igreja foi colocada em segundo plano. Em meio ao caos global, ele se destacou como um defensor fervoroso da paz, buscando incessantemente mediar entre as potências beligerantes, embora suas propostas tenham sido amplamente ignoradas. Durante o conflito, Bento XV se dedicou ao apoio humanitário, não só por meio da diplomacia da Santa Sé, mas também incentivando a ação da Cruz Vermelha e da Caritas, instituições que auxiliaram as vítimas da guerra. Ele criticou abertamente os horrores do conflito e as atrocidades cometidas, buscando proteger os direitos dos civis e dos prisioneiros de guerra.

O pontificado de Bento XV foi essencialmente caracterizado por uma postura pacifista e humanitária, mas também por uma renovação espiritual interna dentro da Igreja. Embora sua liderança não tenha conseguido evitar o prolongamento da guerra, ele foi reconhecido por reforçar a autoridade moral da Igreja e consolidar sua atuação nas questões sociais, especialmente em tempos de

Papa Pio X

adversidade. Sua preocupação com a paz, o sofrimento humano e a preservação dos valores cristãos durante um dos períodos mais devastadores da história ficou registrada não apenas em suas palavras, mas nas ações de socorro promovidas pelas instituições católicas.

259º • PIO XI | ACHILLE RATTI | 1922–1939

Foi um papa influente no século XX, cuja liderança foi marcada por importantes eventos políticos e religiosos. Ele é mais lembrado por sua habilidade diplomática, especialmente pela assinatura do Tratado de Latrão em 1929, com Benito Mussolini. Esse acordo entre a Santa Sé e o governo italiano estabeleceu o Estado da Cidade do Vaticano como um enclave independente, restaurando a soberania papal após décadas de controvérsias sobre a unificação italiana. O tratado também consolidou a posição do papado na política internacional, criando uma base sólida para a Igreja Católica em meio ao turbulento cenário político da época.

Durante seu pontificado, Pio XI se posicionou veementemente contra o avanço do nazismo, do comunismo e das ideias maçônicas, denunciando suas ideologias em várias encíclicas, incluindo *Mit Brennender Sorge* (1937), onde condenou o regime nazista e sua perseguição aos judeus e à Igreja. Ele também promoveu a Ação Católica, uma iniciativa que buscava envolver os leigos no combate cultural e espiritual contra os totalitarismos. Pio XI se destacou pela firme defesa dos valores cristãos em um período de crescente radicalização política e ideológica, sendo um líder que procurou preservar a liberdade religiosa e a integridade da Igreja diante das ameaças externas.

Papa Pio XI

ERA CONTEMPORÂNEA (SÉCULO XX – XXI)

260º · PIO XII | EUGENIO PACELLI | 1939–1958

O PAPA DA GUERRA, DO SILÊNCIO E DA DIPLOMACIA EM TEMPOS DE ESCURIDÃO

Pio XII, nascido Eugenio Maria Giuseppe Giovanni Pacelli, foi eleito papa em 1939, às vésperas da eclosão da Segunda Guerra Mundial, e permaneceu no trono de São Pedro até 1958. Diplomata de carreira e intelectual refinado, ele assumiu a liderança da Igreja em um momento em que o mundo mergulhava na barbárie dos regimes totalitários, enfrentando desafios sem precedentes — éticos, geopolíticos e pastorais.

Antes do papado, Pacelli já havia construído uma sólida trajetória como secretário de Estado do Vaticano, embaixador na Alemanha e negociador de concordatas com vários governos. Conhecedor profundo do cenário europeu e das ameaças crescentes do nazismo e do comunismo, foi escolhido como um papa da prudência diplomática — um pontífice de bastidores, preparado para lidar com tempos instáveis.

Durante a Segunda Guerra Mundial, Pio XII manteve uma postura de neutralidade formal, mas com inúmeras ações de ajuda humanitária. Organizou abrigo para milhares de judeus em conventos, mosteiros e no próprio Vaticano, intermediou ações da Cruz Vermelha e tentou evitar escaladas do conflito com apelos à paz. No entanto, seu silêncio estratégico diante do Holocausto gerou críticas severas que perduram até hoje. Os que o consideram excessivamente silencioso diante dos crimes nazistas não entenderam que seu silêncio foi estratégico para proteger vidas e garantir a atuação oculta da Igreja.

No pós-guerra, Pio XII reconstruiu a imagem internacional da Igreja, condenou com veemência o comunismo ateu, fortaleceu os laços com os Estados Unidos e ajudou a firmar a presença católica em meio à nova ordem mundial bipolar. Foi o primeiro papa a canonizar um santo por meio da televisão (São Pio X, em 1954), e promoveu reformas internas, como o estímulo à renovação litúrgica que prepararia o terreno para o Concílio Vaticano II.

Também proclamou, em 1950, o dogma da Assunção de Maria, reforçando o papel da Virgem na fé católica e a autoridade magisterial do papa. Sua teologia mariana, suas encíclicas sociais e suas declarações sobre ciência e fé refletiram um pontificado intelectualmente vigoroso, ainda que marcado por um estilo conservador e distante.

Pio XII morreu em 1958, com fama de santidade entre muitos católicos, mas também cercado de controvérsias. Sua causa de beatificação está aberta, e sua figura continua sendo objeto de intensos debates historiográficos. Para uns, foi o papa do silêncio trágico; para outros, o pastor que guiou a Igreja com sabedoria por entre as sombras da guerra.

Papa Pio XII, por Luis Fernández-Laguna (1958)

261º • SÃO JOÃO XXIII | ANGELO GIUSEPPE RONCALLI | 1958-1963

O "PAPA BOM" QUE SURPREENDEU O MUNDO AO CONVOCAR O CONCÍLIO VATICANO II

São João XXIII, nascido Angelo Giuseppe Roncalli, foi eleito papa em 1958, já com 76 anos, e governou a Igreja até sua morte, em 1963. Muitos o viam como um pontífice de transição — idoso, afável e discreto — mas ele surpreendeu o mundo e a própria cúria romana ao convocar, poucos meses após sua eleição, um dos maiores eventos da história da Igreja moderna: o Concílio Vaticano II. Esse gesto transformaria para sempre o modo como a Igreja Católica se compreende e se relaciona com o mundo.

Filho de camponeses humildes da região da Lombardia, Roncalli percorreu uma longa trajetória pastoral e diplomática. Serviu como núncio

Jogos Olímpicos em Roma, papa João XXIII abençoa os participantes dos Jogos, fotografia por Harry Pot / Anefo (1960)

apostólico na Bulgária, Turquia e França, onde ficou conhecido por sua capacidade de diálogo, seu bom humor e sua sensibilidade pastoral. Durante a Segunda Guerra Mundial, ajudou refugiados e judeus perseguidos, e após o conflito foi nomeado patriarca de Veneza, onde conquistou o carinho do povo com seu estilo simples e próximo.

Ao chegar ao papado, adotou o nome de João em homenagem aos apóstolos e aos papas anteriores esquecidos da história — um sinal de continuidade e renovação. Em 1959, surpreendeu a Igreja ao anunciar a convocação de um novo concílio ecumênico — o primeiro desde Trento (séc. XVI) e Vaticano I (séc. XIX). O objetivo declarado de João XXIII era promover uma *aggiornamento*, ou seja, uma atualização da Igreja diante das exigências espirituais, culturais e sociais do mundo contemporâneo.

O Concílio Vaticano II, inaugurado em 1962, foi um marco global: promoveu a reforma litúrgica, incentivou o diálogo inter-religioso, redefiniu a relação da Igreja com os leigos, com o mundo moderno e com outras religiões. Embora São João XXIII tenha morrido antes de sua conclusão, sua visão pastoral permeou todo o processo conciliar, e sua figura tornou-se símbolo de um novo tempo.

Conhecido como "o papa bom", João XXIII conquistou o coração de fiéis e não fiéis por sua bondade, simplicidade, gestos espontâneos e fala mansa. Era comum vê-lo visitando hospitais e prisões, onde distribuía palavras de conforto e afeto. Em 1963, poucos meses antes de falecer de câncer, publicou a encíclica *Pacem in Terris*, um apelo à paz e ao diálogo entre todos os povos, dirigido não só aos católicos, mas "a todos os homens de boa vontade" — algo inédito até então.

Canonizado em 2014, junto com o papa João Paulo II, João XXIII é lembrado como o pontífice que derrubou muros e abriu portas, colocando a Igreja a caminho do mundo, sem perder sua identidade. Seu sorriso bondoso, sua coragem tranquila e seu gesto histórico ao convocar o concílio definem seu legado: a fé que não teme o tempo e o amor que não impõe barreiras.

ERA CONTEMPORÂNEA (SÉCULO XX – XXI)

262º • SÃO PAULO VI | GIOVANNI BATTISTA MONTINI | 1963–1978

O PAPA QUE CONCLUIU O CONCÍLIO VATICANO II E MODERNIZOU O RITO CATÓLICO

Paulo VI, nascido Giovanni Battista Montini, foi papa de 1963 a 1978, sucedendo João XXIII com a difícil e histórica missão de conduzir a Igreja durante e após o Concílio Vaticano II. Intelectual refinado, homem de diálogo e profunda espiritualidade, foi o papa da mediação entre o antigo e o novo, entre a tradição doutrinária e os impulsos de renovação pastoral do século XX.

Antes do papado, Montini já era figura central da cúria romana, especialmente durante o pontificado de Pio XII, e depois como arcebispo de Milão — onde ficou conhecido por sua sensibilidade social e engajamento com os desafios urbanos e operários. Eleito papa em 1963, logo após a primeira sessão do Concílio, dedicou-se a concluir os trabalhos conciliares com equilíbrio e firmeza, garantindo que os documentos finais fossem expressões fiéis tanto do *aggiornamento* desejado por João XXIII quanto da continuidade da fé apostólica.

Sob sua liderança, o Concílio Vaticano II promulgou textos

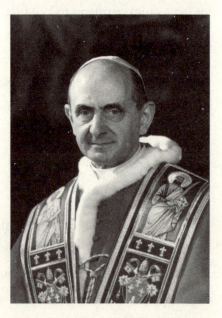

Papa Paulo VI, por Fotografia Felici (1969)

fundamentais como a *Lumen Gentium* (sobre a Igreja), *Gaudium et Spes* (sobre a presença da Igreja no mundo) e *Dei Verbum* (sobre a revelação divina), entre outros. Após o encerramento do concílio, coube a Paulo VI aplicar suas reformas, especialmente no campo litúrgico, promovendo a celebração da missa em vernáculo, a maior participação dos fiéis e uma nova organização da vida eclesial.

Seu pontificado também foi marcado por grandes tensões internas e externas. A publicação da encíclica *Humanae Vitae* (1968), que reafirmou a proibição da contracepção artificial, gerou forte repercussão mundial e oposição entre muitos teólogos, bispos e fiéis. Apesar das críticas, Paulo VI

Concílio Vaticano II, fotografia por Lothar Wolleh (c. 1965)

manteve-se firme, motivado por sua convicção de fidelidade à ética cristã e à doutrina da vida.

Paulo VI foi também um pioneiro da diplomacia pontifícia moderna. Foi o primeiro papa a viajar de avião, realizando peregrinações a todos os continentes, incluindo a Terra Santa, as Nações Unidas, a Índia e a África, inaugurando a era dos papas globais. Também promoveu o diálogo ecumênico, inclusive levantando, junto com o patriarca Atenágoras, a mútua excomunhão entre Roma e Constantinopla que perdurava desde o Cisma de 1054.

Ao morrer, em 1978, Paulo VI era visto por muitos como um papa da cruz, do sofrimento e da prudência, que conduziu a Igreja com fidelidade durante os anos de incerteza, contestação e mudança. Foi canonizado em 2018 por Francisco, que o definiu como um "profeta humilde". Paulo VI foi o papa da continuidade fiel, da reforma sem ruptura e da coragem silenciosa diante dos desafios do mundo moderno.

263º • Servo de Deus João Paulo I | Albino Luciani | 1978

Conhecido como o "Papa do Sorriso", teve um pontificado de apenas 33 dias, o mais breve do século XX. Sua simplicidade, humildade e linguagem acessível conquistaram rapidamente os fiéis. Escolheu um nome duplo em homenagem a seus predecessores João XXIII e Paulo VI, simbolizando continuidade e renovação. Sua morte repentina, ainda envolta em especulações, interrompeu um pontificado promissor.

Papa João Paulo I, por AGI / Anefo (1978)

264º • SÃO JOÃO PAULO II | KAROL JÓZEF WOJTYŁA | 1978–2005

O PAPA PEREGRINO QUE INSPIROU O MUNDO E AJUDOU A DERRUBAR MUROS

João Paulo II, nascido Karol Józef Wojtyła, foi papa de 1978 a 2005 e o primeiro não italiano em mais de quatro séculos. Polonês, filósofo, poeta, ator e atleta, teve um dos pontificados mais longos e impactantes da história moderna. Sobreviveu ao nazismo, enfrentou o comunismo e, como papa, tornou-se uma figura global, respeitado além dos limites da Igreja. Sua eleição foi recebida como um sinal de esperança nos tempos de Guerra Fria.

Papa João Paulo II na Praça de São Pedro, Vaticano, fotografia por Rob Oo (1987)

Foi conhecido como "o papa peregrino", tendo realizado mais de 100 viagens internacionais, levando a mensagem do Evangelho a todos os continentes. Defensor incansável da dignidade humana, da liberdade religiosa e dos direitos dos povos, João Paulo II teve papel fundamental na queda do comunismo na Europa Oriental, especialmente ao apoiar os movimentos de resistência pacífica na Polônia.

Publicou 14 encíclicas, reformou o *Catecismo da Igreja Católica*, defendeu a teologia do corpo e teve forte atuação nas causas pró-vida. Também promoveu o diálogo com judeus, muçulmanos e outras religiões, sendo o primeiro papa a visitar uma sinagoga, uma mesquita e a realizar encontros inter-religiosos. Foi profundamente mariano e um dos maiores promotores da juventude, tendo criado as Jornadas Mundiais da Juventude.

Sobreviveu a um atentado em 1981, perdoando publicamente seu agressor. Mesmo diante do sofrimento causado pelo Parkinson nos últimos anos, nunca deixou de testemunhar com o corpo e a palavra sua fidelidade à missão. Foi canonizado em 2014, nove anos após sua morte, passando a ser chamado São João Paulo II. Um papa que deixou marcas espirituais, políticas e culturais indeléveis no século XX.

Papa João Paulo II durante missa no Aterro do Flamengo, fotografia por José Cruz/ Agência Brasil (1997)

265º • BENTO XVI | JOSEPH RATZINGER | 2005–2013

O TEÓLOGO DO *LOGOS* QUE RENUNCIOU AO PAPADO E MARCOU UMA ERA DE HUMILDADE E REFLEXÃO

Bento XVI, nascido Joseph Ratzinger, foi papa de 2005 a 2013. Um dos maiores teólogos do século XX, teve papel central durante o Concílio Vaticano II e foi, por décadas, Prefeito da Congregação para a Doutrina da Fé, no Vaticano. Seu pontificado foi marcado pela defesa da verdade, da liturgia e da fé católica, buscando conciliar a tradição com os desafios intelectuais do mundo moderno.

Sua eleição, após a morte de João Paulo II, foi recebida com expectativa e alguma tensão. Intelectual brilhante, Bento XVI valorizou a clareza teológica, a beleza litúrgica e a centralidade de Cristo. Combateu o relativismo moral e defendeu o diálogo entre fé e razão, como expressou em sua emblemática encíclica *Deus Caritas Est*. Enfrentou com coragem os escândalos de abusos na Igreja, buscando purificação e justiça.

Papa Bento XVI, fotografia por Arquivo da Chancelaria do Presidente da República da Polônia

Em 2013, surpreendeu o mundo ao anunciar sua renúncia ao papado — um gesto inédito em mais de 600 anos. Declarou não ter mais forças físicas para cumprir a missão que lhe havia sido confiada. A decisão foi vista como um ato de humildade e lucidez histórica, inaugurando a coexistência entre um papa emérito e um papa em exercício.

Bento XVI passou seus últimos anos em oração e silêncio, vivendo no Vaticano até sua morte em 2022. Seu legado é o de um mestre da fé, que uniu profundidade teológica com serenidade espiritual. Foi um pontífice que preferiu o essencial à aparência, e a fidelidade ao modismo — e por isso permanece como referência para gerações futuras.

GUARDIÃO DA LITURGIA E DA CONTINUIDADE ECLESIAL

Além de seu vigor teológico, Bento XVI destacou-se como um profundo defensor da continuidade na tradição litúrgica da Igreja. Em 2007, com o motu proprio *Summorum Pontificum*, ampliou o acesso à forma extraordinária do Rito Romano, reafirmando que ela nunca fora abolida e promovendo uma reconciliação com grupos ligados à liturgia tradicional. Essa decisão refletia sua convicção de que a reforma litúrgica do Concílio Vaticano II deveria ser interpretada em continuidade com a tradição, e não como ruptura. Valorizou também a música sacra, o silêncio orante e a arte como caminhos para o sagrado, buscando resgatar a sacralidade da celebração. Em tempos de desafios internos e externos, Bento XVI foi uma âncora de estabilidade e fidelidade, lembrando que toda renovação autêntica nasce de raízes profundas na fé e na tradição viva da Igreja.

266º • FRANCISCO | JORGE MARIO BERGOGLIO | 2013–2025

O PAPA DA MISERICÓRDIA, DA PERIFERIA E DO CUIDADO COM A CASA COMUM

Francisco, nascido Jorge Mario Bergoglio, foi o 266º papa da Igreja e ocupou o trono de Pedro de 2013 até o fim de seu pontificado. Primeiro pontífice vindo da América Latina, primeiro jesuíta e primeiro a adotar o nome de Francisco, representou uma nova fase no papado — marcada pela simplicidade, pela opção pelos pobres e pelo compromisso com o cuidado da criação.

Ex-arcebispo de Buenos Aires, Francisco já era conhecido por seu estilo humilde: andava de metrô, morava em apartamento simples e evitava pompas. Como papa, recusou a residência oficial e optou por viver na Casa Santa Marta, onde cardeais se hospedavam para os conclaves. Sua primeira exortação apostólica, *Evangelii Gaudium*, já indicava seu estilo: uma Igreja em saída, missionária, próxima das feridas do mundo.

Francisco conduziu importantes reformas administrativas e pastorais, enfrentando resistências internas e causando polêmicas no laicato frequentemente repercutidas pela imprensa. Realizou sínodos sobre a família, os jovens, a sinodalidade e a Amazônia. Sua encíclica *Laudato Si'* tornou-se referência no debate ecológico mundial, unindo teologia, ciência e responsabilidade ambiental.

Também foi um promotor incansável do diálogo inter-religioso, visitando países muçulmanos, reunindo-se com líderes judeus e ortodoxos e denunciando todas as formas de violência em nome da fé. Pregou a cultura do encontro, a economia do cuidado e a espiritualidade da misericórdia. Sua frase "Quem sou eu para julgar?" tornou-se símbolo de um pontificado que privilegiou o acolhimento em detrimento da condenação.

Francisco inspirou, provocou, consolou e desafiou. Sua liderança reaproximou muitos da fé e, ao mesmo tempo, tensionou estruturas rígidas. Ele foi, em essência, o pastor que caminhou com o povo — com o cheiro das ovelhas — e que apontou para uma Igreja mais simples, pobre e fiel ao Evangelho.

Visita Pastoral do Papa Francisco à Coreia, fotografia por Jeon Han / Korea.net (2014)

267º · LEÃO XIV | ROBERT FRANCIS PREVOST | 2025

Nascido em Chicago, Estados Unidos, Leão XIV é o primeiro papa norte-americano e o primeiro agostiniano. Em seu primeiro discurso, mencionou que seu nome papal foi inspirado em Leão XIII, que escreveu a carta *Rerum Novarum*, destacando a doutrina social da Igreja. Considerado um cardeal moderado, sua eleição agradou tanto conservadores como progressistas, uma divisão na Igreja que começou com o Concílio Vaticano II, aprofundou-se a partir do pontificado de João Paulo II e chegou ao auge durante o papado de Francisco.

Com a morte de Francisco, surge a era de Leão, em continuidade com o magistério tradicional. Isso se revela desde sua aparição na sacada do Vaticano: capa tradicional em vermelho, representando o sangue de Cristo, com paramentos dourados e os símbolos do Evangelho, crucifixo também dourado no centro, tom que simboliza a luz e o sol da presença divina. Suas primeiras palavras anunciavam um tempo de paz interna, de retomada da liturgia e da fé como centralidade das ações católicas. Também retomou os aposentos papais no Palácio Apostólico, abandonados por Francisco.

UM MATEMÁTICO NO VATICANO

Robert Francis Prevost formou-se em Matemática antes de se tornar sacerdote da Ordem de Santo Agostinho. Completou seu mestrado e doutorado na Universidade São Tomás de Aquino, em Roma. Leão XIV é o que chamamos de Tomista, um intelectual que defende a filosofia de São Tomás de Aquino, santo que prega o equilíbrio entre razão e fé e elevou ao grau máximo a Teologia, já na Idade Média.

Essa formação parece desejável diante dos desafios que um atual papa tem diante de um estado forte, como o Vaticano, que além de ser o depositário da fé católica, abrange um rico e vasto patrimônio que inclui museus, edificações, territórios e obras de caridade pelo mundo, além do Instituto para as Obras de Religião, conhecido como o banco do Vaticano, atualmente objeto de auditoria interna, iniciada pelo papa Francisco e que deve prosseguir com o atual papa.

Em 1988, o padre Robert ingressou na missão agostiniana no Peru e passou mais de dez anos à frente do Seminário de Trujillo, onde lecionou Direito Canônico. Também liderou uma congregação na periferia da cidade, fazendo trabalhos com as comunidades carentes. Em 1999, retornou aos Estados Unidos para assumir o cargo de Provincial Agostiniano em Chicago, ali permanecendo até que, em 2014, retornou ao Peru, quando o papa Francisco o nomeou administrador apostólico de Chiclayo e posteriormente bispo da mesma diocese.

Em janeiro de 2023, Francisco o nomeou Prefeito do Dicastério para os Bispos e, em setembro do mesmo ano, tornou-se cardeal. O Dicastério para os Bispos é o escritório responsável por avaliar e recomendar candidatos para o episcopado em todo o mundo, mas a função do cardeal Robert também o aproximou de jovens bispos, que o viam como professor dedicado e próximo do clero.

Embora ainda seja cedo para avaliar seu pontificado, os eventos que sucederam sua posse foram significativos para orientar sua direção. Na primeira missa que celebrou, Leão XIV pregou em sua homilia uma igreja que é "farol que ilumina as noites do mundo", retomando a importância da fé apostólica. Seu pontificado foi inaugurado em 18 de maio de 2025, na missa da Praça de São Pedro. Durante a cerimônia, Leão XIV recebeu o Pálio e o Anel do Pescador, símbolos de seu ministério.

Papa Leão XIV, fotografia por Edgar Beltrán (2025)

Esta obra foi composta por Maquinaria Editorial nas famílias tipográficas STIX Two Text e Cinzel. Impresso pela gráfica Viena em junho de 2025.